기초 튼튼, 핵심 쏙쏙, 실력 쑥쑥

파이썬
자료구조와
알고리즘

파이썬 자료구조와 알고리즘

기초 튼튼, 핵심 쏙쏙, 실력 쑥쑥

초판 1쇄 발행 2019년 7월 3일
초판 2쇄 발행 2019년 12월 20일

지은이 미아 스타인 / **옮긴이** 최길우 / **펴낸이** 김태헌
펴낸곳 한빛미디어(주) / **주소** 서울시 서대문구 연희로2길 62 한빛미디어(주) IT출판부
전화 02-325-5544 / **팩스** 02-336-7124
등록 1999년 6월 24일 제25100-2017-000058호 / **ISBN** 979-11-6224-191-2 93000

총괄 전정아 / **책임편집** 이상복 / **기획** 이상복 / **편집** 문용우
디자인 표지 신종식 · 이아란 내지 김연정 조판 이경숙
영업 김형진, 김진불, 조유미 / **마케팅** 박상용, 송경석, 조수현, 이행은, 홍혜은 / **제작** 박성우, 김정우

이 책에 대한 의견이나 오탈자 및 잘못된 내용에 대한 수정 정보는 한빛미디어(주)의 홈페이지나 아래 이메일로
알려주십시오. 잘못된 책은 구입하신 서점에서 교환해드립니다. 책값은 뒤표지에 표시되어 있습니다.
한빛미디어 홈페이지 www.hanbit.co.kr / 이메일 ask@hanbit.co.kr

An introduction to Python & Algorithms (based on https://github.com/bt3gl)

Copyright ⓒ 2017 by Mia Stein

All rights reserved.

이 책의 한국어판 저작권은 저자와의 독점 계약으로 한빛미디어(주)에 있습니다.
저작권법에 의해 한국 내에서 보호를 받는 저작물이므로 무단 전재와 복제를 금합니다.

지금 하지 않으면 할 수 없는 일이 있습니다.
책으로 펴내고 싶은 아이디어나 원고를 메일(**writer@hanbit.co.kr**)로 보내주세요.
한빛미디어(주)는 여러분의 소중한 경험과 지식을 기다리고 있습니다.

넌 지금 알고리즘이 땡긴다

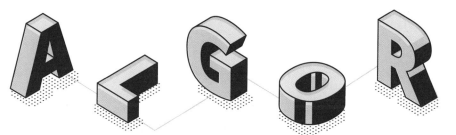

기초 튼튼, 핵심 쏙쏙, 실력 쑥쑥

파이썬
자료구조와
알고리즘

미아 스타인 지음
최길우 옮김

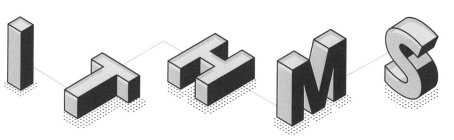

HB 한빛미디어
Hanbit Media, Inc.

지은이 · 옮긴이 소개

지은이 미아 스타인 Mia Stein

서프라인Surfline의 시니어 소프트웨어 보안 엔지니어. 이전에는 엣시, 애플, 옐프 등에서 근무했다. 고교 시절부터 리눅스로 해킹과 코딩을 즐겼고 2014년 리커스 센터Recurse Center를 졸업했다. 2015년 데프 콘DEF CON에 참가해 자신과 같은 괴짜들을 만났고 양자 암호학에 관해 발표했다. 주요 관심 분야는 보안과 인공지능/머신러닝/딥러닝이다. 로스앨러모스 국립연구소, 브룩헤이븐 국립연구소, NASA 등에서 연구했다.

옮긴이 최길우 asciineo@gmail.com

클라우드 업계에서 솔루션즈 아키텍트로 근무하다가 현재는 어느 스타트업에서 솔루션 엔지니어로 평범한 직장인의 삶을 살고 있다. 개발자 옆에서 가끔씩 코드를 보고 간단한 쿼리를 수행하고 로그를 살펴보며 개발 외 이런저런 잡무를 담당하고 있다. 번역서로는 『우아한 사이파이』, 『Head First C# 3판』, 『처음 시작하는 파이썬』(이상 한빛미디어) 등이 있다.

컴퓨터 과학을 전공했다면 자료구조와 알고리즘에 대해서 눈과 귀가 닳도록 많이 보고 들었을 것이다. 면접을 준비하는 개발자 역시 자료구조와 알고리즘에 대한 공부를 피해 갈 수 없을 것이다.

실제 컴퓨터에서 실행할 수는 없지만, 프로그램 모듈의 동작 논리를 간결하게 표현하는 언어를 의사코드^{pseudocode}라고 한다. 파이썬 언어는 거의 의사코드와 유사하게 코드를 작성할 수 있을 정도로 간결한 언어다. 이런 이유로 파이썬은 모든 분야, 특히 최근에는 사물인터넷 및 과학 분야에서도 많이 사용되고 있다. 또한, 파이썬은 알고리즘 학습 및 주어진 문제를 코딩으로 해결하는 면접에서도 인기를 얻고 있다.

파이썬과 자료구조 및 알고리즘을 동시에 습득하고자 하는 독자 혹은 개발자/엔지니어 면접을 준비하는 독자에게 이 책을 추천한다. 이 책은 파이썬의 내장 타입, 스택과 큐와 같은 추상 데이터 타입, 모듈, 객체지향 설계, 점근적 분석, 정렬, 검색, 동적 계획법, 이진 트리 및 그래프 등 전반적인 내용을 다룬다. 이 책의 코드는 대부분 파이썬 2.6 이상의 버전과 3.x에서 동작한다.

책을 번역하는 과정에서 필요한 부분을 추가하고 비효율적인 코드를 조금 수정했다. 원서 설명이 부족한 부분은 내용을 추가했고, 이해를 돕기 위해 그림과 노트도 삽입했다. 옮긴이의 깃허브 저장소에 모든 소스 코드가 있다(*https://git.io/fj0II*).

이 책을 잘 편집해준 이상복 편집자님께 감사의 말을 전한다. 부족한 본인과 같이 일했던 혹은 현재 같이 일하고 있는 회사 동료에게도 감사의 말을 전한다. 만난 적 없지만 좋은 책을 써준 저자에게도 감사의 말을 전한다. 끝으로 항상 멀리서 응원해주는 부모님과 동생, 갓 태어난 조카에게 사랑한다는 말을 전한다.

2판 서문

두려워할 것은 없다. 오로지 두려움만을 두려워하라. (루스벨트 대통령)

그 두려움은 재귀라고 부른다. 당신을 무한한 공포로 이끌 것이다. (필자)

안녕하세요, 파이써니스타 독자님.

이 책은 필자가 2014년 뉴욕의 프로그래밍 부트캠프인 해커 스쿨 Hacker School에서 집필한 책의 개정판입니다. 트리와 그래프에 대한 내용에서 많은 변화가 있습니다. 이 책과 더불어 즐거운 알고리즘 코딩을 해봐요!

초판 서문

안녕하세요, 파이써니스타 독자님.

파이썬의 자료구조와 알고리즘의 세계에 오신 걸 환영합니다. 이 책은 파이썬 타입, 구조와 모듈, 객체지향 설계, 정렬, 검색, 동적 계획법, 그래프 및 트리에 대한 내용을 다룹니다. 코드는 깃허브에 있습니다.

필자는 단순히 '흥미'로 이 책을 집필했습니다(흥미라는 말의 의미는 굉장히 폭넓죠). 미처 걸러내지 못한 오류나 오타 등의 문제가 있을지도 모르겠습니다. 혹시 발견하신다면, 너그럽게 이해해주시고 제게 알려주시기를 부탁드립니다. 저는 컴퓨터 과학자가 아니라 물리학(박사학위)을 전공한 사람입니다. 이 책을 쓰는 것은 평범한 일이 아닐뿐더러 어쩌면 무모하고 위험할 일일 수도 있었죠. 독자 여러분이 즐겁게 이 책을 봤으면 좋겠습니다.

CONTENTS

PART **1**　헬로, 자료구조!

CHAPTER **01**　숫자

CONTENTS

CHAPTER O3 컬렉션 자료구조

CHAPTER O4 구조와 모듈

CONTENTS

CHAPTER 05 객체지향 설계

CHAPTER O6 파이썬 고급 주제

CONTENTS

CHAPTER O9 정렬

CONTENTS

CONTENTS

PART **1**

헬로, 자료구조!

CHAPTER 01

숫자

새로운 프로그래밍 언어를 배울 때, 으레 가장 먼저 하는 일은 `Hello World!`를 출력하는 것이다. 그다음에는 숫자와 산술 연산을 사용하여 뭔가를 계산한다. 숫자는 정수^{integer}, 부동소수점^{float}, 복소수^{complex}로 나타낼 수 있다. 인간에게는 10개의 손가락으로 숫자를 십진법^{decimal}으로 표현하는 법이 자연스럽다. 컴퓨터는 전자 상태의 신호(참/거짓)를 주고받는 이진법^{binary} 표현이 더 적합하다. 따라서 컴퓨터는 정보를 비트^{bit}로 표현한다. 또한 8진법과 16진법 등 2의 배수 표현도 사용한다.

1.1 정수

파이썬에서 정수는 `int`로 나타내며 **불변**^{immutable}형이다. 불변형 객체는 변수와 객체 참조 간에 차이가 없다. 파이썬 정수 크기는 컴퓨터 메모리에 의해 제한된다(C 또는 자바 내장 컴파일러에 따라 다르다). 파이썬 정수 크기는 적어도 32비트(4바이트)다. 정수를 나타내는 데 필요한 바이트 수를 확인하려면 파이썬 3.1 이상에서 **(정수).bit_length()** 메서드를 사용할 수 있다.

```
>>> (999).bit_length()
10
```

어떤 문자열을 정수로 변환^{casting}하거나, 다른 진법의 문자열을 정수(10진법)로 변환하려면 **int(문자열, 밑)** 메서드를 사용한다.

```
>>> s = '11'
>>> d = int(s)
>>> print(d)
11
>>> b = int(s, 2)
>>> print(b)
3
```

`int` 메서드의 밑은 2에서 36 사이의 선택적 인수optional argument다. 문자열 `s`에서 밑 범위의 숫자를 벗어나는 값을 입력한다면, `int` 메서드에서 `ValueError` 예외가 발생한다. 예를 들어 `s = '12'`에 대해 실행하면 예외가 발생한다.

1.2 부동소수점

IEEE 754는 전기 전자 기술자 협회(IEEE)에서 개발한, 컴퓨터에서 부동소수점을 표현하는 가장 널리 쓰이는 표준이다.[1] 파이썬에서 부동소수점은 `float`로 나타내며 불변형이다. 단정도single precision 방식에서 32비트 부동소수점을 나타낼 때 1비트는 **부호**sign(0: 양수, 1: 음수), 23비트는 **유효 숫자 자릿수**significant digits(혹은 가수mantissa), 8비트는 **지수**exponent다.

예를 들어 십진수 $-118.625_{(10)}$를 32비트 단정도로 표현해보자. 먼저 숫자의 절댓값을 이진수로 변환한다. 부호는 음수이므로 1이다.

$$118 \div 2 = 59 \cdots 0$$
$$59 \div 2 = 29 \cdots 1$$
$$29 \div 2 = 14 \cdots 1$$
$$14 \div 2 = 7 \cdots 0$$
$$7 \div 2 = 3 \cdots 1$$
$$3 \div 2 = 1 \cdots 1$$
$$0.625 \times 2 = 1.250$$
$$0.250 \times 2 = 0.500$$
$$0.500 \times 2 = 1.000$$

즉, $1110110.101_{(2)}$이다.

---

1 역자주_ *https://ko.wikipedia.org/wiki/IEEE_754* 및 *https://ko.wikipedia.org/wiki/부동소수점* 참조.

그다음 변환된 이진수를 다음과 같이 정규화한다(소수점을 왼쪽으로 이동시켜 왼쪽 부분에 1만 남게 한다).

$$1110110.101_{(2)} = 1.110110101_{(2)} \times 2^6$$

위의 숫자를 가수부(23비트)에 넣는다. 부족한 자릿수는 0으로 채운다.

$$11011010100000000000000$$

지수는 6이므로 바이어스[bias]를 더한다.[2] 즉, 지수 6에 127($0111\ 1111_{(2)}$)을 더한다.

$$6_{(10)} + 127_{(10)} = 133_{(10)} = 10000101_{(2)}$$

이상의 결과를 종합하여 $-118.625_{(10)}$를 32비트 단정도로 표현한 결과는 다음과 같다.

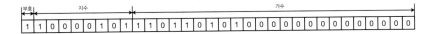

배정도[double precision] 방식에서는 64비트 부동소수점을 나타낼 때 1비트는 부호, 52비트는 가수, 11비트는 지수로 나타낸다(단정도 방식일 때 127 ($2^7 - 1$)을 더하고, 배정도 방식일 때 1023 ($2^{10} - 1$)을 더한다).

1.2.1 부동소수점끼리 비교하기

부동소수점은 이진수 분수[binary fraction]로 표현되기 때문에 함부로 비교하거나 빼면 안 된다. 2진수는 대개 10진법으로 정확하게 표현할 수 있지만, 2진법으로 표현하기 어려운 숫자도 있다($0.1_{(10)} = 0.00110011001100\cdots_{(2)}$). 다음과 같은 예를 보자.

---

2 바이어스는 부호 있는 큰 값과 작은 값을 모두 나타낼 수 있도록 하는 역할이다. 그러나 부호 있는 일반적인 2의 보수 표현은 값 비교를 더 어렵게 한다. 이 문제를 해결하기 위해 지수는 비교에 적합한 부호 없는 값으로 저장된다. 다시 값을 해석할 때, 지수 바이어스를 뺀 부호 있는 범위 내에서 지수로 다시 변환된다. 자세한 내용은 http://www.doc.ic.ac.uk/~eedwards/compsys/float/ 또는 https://en.wikipedia.org/wiki/Exponent_bias 참조.

```
>>> 0.2 * 3 == 0.6
False
>>> 1.2 - 0.2 == 1.0
True
>>> 1.2 - 0.1 == 1.1
False
>>> 0.1 * 0.1 == 0.01
False
```

그 대신 동등성 테스트equality test는 사전에 정의된 정밀도 범위 내에서 수행되어야한다. 예를 들어 unittest 모듈의 assertAlmostEqual() 메서드 같은 접근법을 사용하는 방법이 있다.

```
>>> def a(x , y, places=7):
...     return round(abs(x-y), places) == 0
```

또한 부동소수점의 숫자는 메모리에서 비트 패턴으로 비교할 수 있다. 먼저, 부호비교를 별도로 처리한다. 두 숫자가 음수이면, 부호를 뒤집고, 숫자를 반전하여비교한다. 지수 패턴이 같으면 가수를 비교한다.

1.2.2 정수와 부동소수점 메서드

파이썬에서 나누기 연산자 / 는 항상 부동소수점을 반환한다. // 연산자floor 또는 truncation를 사용하면 정수를 반환할 수 있다. % 연산자module 또는 remainder는 나머지를구한다. divmod(x, y) 메서드는 x를 y로 나눌 때, 몫과 나머지를 반환한다.

```
>>> divmod(45,6)
(7, 3)
```

round(x, n) 메서드는 n이 음수인 경우, x를 정수 n번째 자리에서 반올림한값을 반환한다. n이 양수인 경우, x를 소수점 이하 n번째 자리로 반올림한 값을 반환한다.

```
>>> round(113.866, -1)
110.0
>>> round(113.866, 2)
113.87
```

`as_integer_ratio()` 메서드는 부동소수점을 분수로 표현한다.

```
>>> 2.75.as_integer_ratio()
(11, 4)
```

1.3 복소수

파이썬에서 **복소수**complex number는 z = 3 + 4j 와 같이 생긴 부동소수점 한 쌍을 갖는 **불변형**이다. `z.real`, `z.imag`, `z.conjugate()` 같은 메서드로 실수부, 허수부, 켤레 복소수를 구할 수 있다.

복소수를 사용하려면 `cmath` 모듈을 임포트해야 하는데, 이 모듈은 `math` 모듈에 있는 대부분의 삼각함수와 로그함수의 복소수 버전을 제공한다. 또한 `cmath.phase()`, `cmath.polar()`, `cmath.rect()`, `cmath.pi`, `cmath.e` 같은 복소수 전용 함수도 제공한다.

1.4 fraction 모듈

파이썬에서 분수를 다루려면 `fraction` 모듈을 사용한다. 다음 코드 예제를 살펴보자.[3]

---

3 책에 나오는 코드는 모두 책의 깃허브 저장소에서 찾을 수 있다.

```python
from fractions import Fraction

def rounding_floats(number1, places):
    return round(number1, places)

def float_to_fractions(number):
    return Fraction(*number.as_integer_ratio())

def get_denominator(number1, number2):
    """ 분모를 반환한다."""
    a = Fraction(number1, number2)
    return a.denominator

def get_numerator(number1, number2):
    """ 분자를 반환한다."""
    a = Fraction(number1, number2)
    return a.numerator

def test_testing_floats():
    number1 = 1.25
    number2 = 1
    number3 = -1
    number4 = 5/4
    number6 = 6
    assert(rounding_floats(number1, number2) == 1.2)
    assert(rounding_floats(number1*10, number3) == 10)
    assert(float_to_fractions(number1) == number4)
    assert(get_denominator(number2, number6) == number6)
    assert(get_numerator(number2, number6) == number2)
    print("테스트 통과!")


if __name__ == "__main__":
    test_testing_floats()
```

테스트 통과!

1.5 decimal 모듈

정확한 10진법의 부동소수점 숫자가 필요한 경우, 부동소수점 **불변** 타입인 decimal.Decimal을 사용할 수 있다. Decimal() 메서드는 정수 또는 문자열을 인수로 취한다(파이썬 3.1부터 사용할 수 있으며, decimal.Decimal.from_float() 메서드로 부동소수점을 decimal.Decimal 타입으로 나타낼 수도 있다). 이 모듈은 부동소수점의 반올림, 비교, 뺄셈 등에서 나타나는 문제를 효율적으로 처리할 수 있다.

```
>>> sum(0.1 for i in range(10)) == 1.0
False
>>> from decimal import Decimal
>>> sum(Decimal("0.1") for i in range(10)) == Decimal("1.0")
True
```

decimal 모듈에는 Decimal.exp(x) 같은 내장 함수가 있어 대부분의 경우에 사용할 수 있다. 여기서 x는 decimal.Decimal 객체 타입이다. math와 cmath 모듈에도 exp() 함수가 있지만, 정확도가 필요하다면 decimal 모듈을 사용해야 한다.

1.6 2진수, 8진수, 16진수

bin(i) 메서드는 정수 i의 2진수 문자열을 반환한다.

```
>>> bin(999)
'0b1111100111'
```

oct(i) 메서드는 정수 i의 8진수 문자열을 반환한다.

```
>>> oct(999)
'0o1747'
```

hex(i) 메서드는 정수 i의 16진수 문자열을 반환한다.

```
>>> hex(999)
'0x3e7'
```

1.7 연습문제

이 책에서는 연습문제와 해답 코드를 바로 제시하지만, 실력 향상을 위해서는 해답 코드를 바로 읽기 전에 직접 작성해보는 것을 권장한다.

1.7.1 진법 변환

진법을 변환하는 함수를 직접 만들어보자. 다음 코드는 다른 진법의 숫자를 10진수로 변환한다($2 \le base \le 10$).

1장_숫자/2_convert_to_decimal.py

```python
def convert_to_decimal(number, base):
    multiplier, result = 1, 0
    while number > 0:
        result += number % 10 * multiplier
        multiplier *= base
        number = number // 10
    return result

def test_convert_to_decimal():
    number, base = 1001, 2
    assert(convert_to_decimal(number, base) == 9)
    print("테스트 통과!")
```

```
if __name__ == "__main__":
    test_convert_to_decimal()
```

테스트 통과!

위 코드의 핵심 부분은 % 연산자다. 반복문을 돌면서 number % 10(base)로
일의 자리 숫자를 하나씩 가져와서 계산한다. 그다음 반복문의 계산을 위해서
number = number // 10을 사용한다. 이와 같은 방법으로 10진수를 다른 진법
의 숫자로 변환하는 함수도 만들어보자($2 \leq$ base ≤ 10).

1장_숫자/3_convert_from_decimal.py

```
def convert_from_decimal(number, base):
    multiplier, result = 1, 0
    while number > 0:
        result += number % base * multiplier
        multiplier *= 10
        number = number // base
    return result

def test_convert_from_decimal():
    number, base = 9, 2
    assert(convert_from_decimal(number, base) == 1001)
    print("테스트 통과!")

if __name__ == "__main__":
    test_convert_from_decimal()
```

테스트 통과!

base가 10보다 큰 경우, 10 이상의 숫자를 나타내는 데에는 숫자가 아니라 문자
를 사용해야 한다. A는 10, B는 11, C는 12와 같은 식으로 나타낸다. 다음 예제
코드는 10진법 숫자를 20 이하의 진법으로 변환한다.

```python
def convert_from_decimal_larger_bases(number, base):
    strings = "0123456789ABCDEFGHIJ"
    result = ""
    while number > 0:
        digit = number % base
        result = strings[digit] + result
        number = number // base
    return result
def test_convert_from_decimal_larger_bases():
    number, base = 31, 16
    assert(convert_from_decimal_larger_bases(number, base) == "1F")
    print("테스트 통과!")

if __name__ == "__main__":
    test_convert_from_decimal_larger_bases()
```

테스트 통과!

마지막으로, 다음 코드는 **재귀 함수**recursive function를 사용한 진법 변환이다. 재귀 알고리즘에 대한 내용은 '8.2 재귀 알고리즘'을 참조한다.

```python
def convert_dec_to_any_base_rec(number, base):
    convertString = "012345679ABCDEF"
    if number < base:
        return convertString[number]
    else:
        return convert_dec_to_any_base_rec(number // base, base) \
            + convertString[number % base]

def test_convert_dec_to_any_base_rec():
    number = 9
    base = 2
    assert(convert_dec_to_any_base_rec(number, base) == "1001")
    print("테스트 통과!")
```

```
if __name__ == "__main__":
    test_convert_dec_to_any_base_rec()
```

테스트 통과!

1.7.2 최대공약수

다음 코드는 두 정수의 최대공약수greatest common divisor(GCD)를 계산한다.

1장_숫자/6_finding_gcd.py

```
def finding_gcd(a, b):
    while(b != 0):
        result = b
        a, b = b, a % b
    return result

def test_finding_gcd():
    number1 = 21
    number2 = 12
    assert(finding_gcd(number1, number2) == 3)
    print("테스트 통과!")

if __name__ == "__main__":
    test_finding_gcd()
```

테스트 통과!

1.7.3 random 모듈

난수를 생성하는 random 모듈의 예제 코드를 살펴보자. 난수이므로 출력 결과는
실행 때마다 다르다.

1장_숫자/7_testing_random.py

```python
import random

def testing_random():
    """ random 모듈 테스트 """
    values = [1, 2, 3, 4]
    print(random.choice(values))
    print(random.choice(values))
    print(random.choice(values))
    print(random.sample(values, 2))
    print(random.sample(values, 3))

    """ values 리스트를 섞는다. """
    random.shuffle(values)
    print(values)

    """ 0~10의 임의의 정수를 생성한다. """
    print(random.randint(0, 10))
    print(random.randint(0, 10))

if __name__ == "__main__":
    testing_random()
```

```
4
4
2
[2, 1]
[2, 3, 1]
[2, 1, 4, 3]
7
1
```

1.7.4 피보나치 수열

피보나치 수열 Fibonacci sequence은 첫째 및 둘째 항이 1이며, 그 이후의 모든 항은 바로 앞 두 항의 합인 수열이다.[4]

$$1\ 1\ 2\ 3\ 5\ 8\ 13\ 21\ \cdots$$

다음 코드는 피보나치 수열에서 세 가지 다른 방법으로 n번째 숫자를 찾는다. 재 귀 호출을 사용하는 find_fibonacci_seq_rec() 함수의 시간복잡도는 $O(2^n)$ 이고, 반복문을 사용하는 find_fibonacci_seq_iter() 함수의 시간복잡도는 $O(n)$이다. 수식을 사용하는 find_fibonacci_seq_form() 함수의 시간복잡도 는 $O(1)$이다(단 70번째 이상의 결과는 정확하지 않다).

1장_숫자/8_find_fibonacci_seq.py

```python
import math

def find_fibonacci_seq_iter(n):
    if n < 2: return n
    a, b = 0, 1
    for i in range(n):
        a, b = b, a + b
    return a

def find_fibonacci_seq_rec(n):
    if n < 2: return n
    return find_fibonacci_seq_rec(n - 1) + find_fibonacci_seq_rec(n - 2)

def find_fibonacci_seq_form(n):
    sq5 = math.sqrt(5)
    phi = (1 + sq5) / 2
    return int(math.floor(phi ** n / sq5))

def test_find_fib():
    n = 10
    assert(find_fibonacci_seq_rec(n) == 55)
    assert(find_fibonacci_seq_iter(n) == 55)
```

---

4 역자주_ https://ko.wikipedia.org/wiki/피보나치_수

```
        assert(find_fibonacci_seq_form(n) == 55)
        print("테스트 통과!")


    if __name__ == "__main__":
        test_find_fib()
```

테스트 통과!

또한 다음과 같이 **제너레이터**generator를 사용하여 피보나치 수열을 구할 수도 있다. 제너레이터는 파이썬의 시퀀스를 생성하는 객체다. 제너레이터를 이용하며, 전체 시퀀스를 한 번에 메모리에 생성하고 정렬할 필요 없이, 잠재적으로 아주 큰 시퀀스를 순회할 수 있다. 제너레이터를 순회할 때마다 마지막으로 호출된 요소를 기억하고 다음 값을 반환한다. 제너레이터 함수는 yield문을 사용한다.[5] yield문에 대한 내용은 '4.2.4 return 대 yield'를 참조한다.

1장_숫자/9_find_fibonacci_by_generator.py

```
def fib_generator():
    a, b = 0, 1
    while True:
        yield b
        a, b = b, a+b

if __name__ == "__main__":
    fg = fib_generator()
    for _ in range(10):
        print(next(fg), end=" ")
```

1 1 2 3 5 8 13 21 34 55

---

5 역자주_「처음 시작하는 파이썬」(한빛미디어, 2015) 등의 책이 도움이 될 것이다.

NOTE_ 시간복잡도에 대한 내용은 8장에서 간단히 살펴본다. 여기서 간단히 위키백과 설명을 일부 옮기자면 다음과 같다(*https://ko.wikipedia.org/wiki/시간_복잡도*). 이하 이 책의 모든 박스는 옮긴이가 추가한 것이다.

컴퓨터과학에서 알고리즘의 시간복잡도는 입력을 나타내는 문자열 길이의 함수로서 작동하는 알고리즘을 취해 시간을 정량화하는 것이다. 알고리즘의 시간복잡도는 주로 빅-오 표기법을 사용하여 나타내며, 이 빅-오 표기법은 계수와 낮은 차수의 항을 제외시키는 방법이다. 이런 방식으로 표현할 때, (예를 들어 입력 크기를 무한대로 입력하여) 시간복잡도를 점근적으로 묘사한다고 말한다. 예시로서, 만약 크기 n의 모든 입력에 대한 알고리즘에 필요한 시간이 최대 (어떤 n_0보다 크지 않은 모든 n에 대하여) $5n^3 + 3n$의 식을 가진다면, 이 알고리즘의 점근적 시간복잡도는 $O(n^3)$이라고 할 수 있다.

1.7.5 소수

다음 예제에서는 세 가지 다른 방법으로 한 숫자가 소수prime number인지 판단한다. 소수란 자신보다 작은 두 개의 자연수를 곱하여 만들 수 없는 1보다 큰 자연수다. 즉, 약수로 1과 자기 자신만을 가지는 수다.[6] 첫 번째 함수는 브루트 포스brute force, 즉 무차별 대입 방법을 사용한다. 두 번째 함수는 제곱근을 이용한다. $m = \sqrt{n}$, $m \times m = n$이라고 가정한다. n이 소수가 아니면, $n = a \times b$이므로 $m \times m = a \times b$이다. m은 실수, n, a, b는 자연수다. 그러면 다음과 같은 세 가지 경우가 있을 수 있다.

1) $a > m$ 이면, $b < m$

2) $a = m$ 이면, $b = m$

3) $a < m$ 이면, $b > m$

세 가지 경우 모두 $\min(a, b) \leq m$이다. 따라서, m까지의 수를 검색한다면, 적어도 하나의 n과 나누어 떨어지는 수를 발견할 것이고, 이것은 n이 소수가 아님을 보여주기에 충분하다.

---

6 역자주_ *https://ko.wikipedia.org/wiki/소수_(수론)*

끝으로 마지막 함수는 확률론적 테스트와 페르마의 소정리Fermat's little theorem7를 사용한다.

1장_숫자/10_finding_prime.py

```python
import math
import random

def finding_prime(number):
    num = abs(number)
    if num < 4 : return True
    for x in range(2, num):
        if num % x == 0:
            return False
    return True

def finding_prime_sqrt(number):
    num = abs(number)
    if num < 4 : return True
    for x in range(2, int(math.sqrt(num)) + 1):
        if number % x == 0:
            return False
    return True

def finding_prime_fermat(number):
    if number <= 102:
        for a in range(2, number):
            if pow(a, number- 1, number) != 1:
                return False
        return True
    else:
        for i in range(100):
            a = random.randint(2, number - 1)
            if pow(a, number - 1, number) != 1:
                return False
        return True

def test_finding_prime():
    number1 = 17
```

---

7 역자주_ 어떤 수가 소수일 간단한 필요조건에 대한 정리다. p가 소수이고, a가 p의 배수가 아니면, $a^{p-1} \equiv 1 (mod\ p)$다. 즉, a^{p-1}을 p로 나눈 나머지는 1이다. *https://ko.wikipedia.org/wiki/페르마의_소정리* 참조.

```
        number2 = 20
        assert(finding_prime(number1) is True)
        assert(finding_prime(number2) is False)
        assert(finding_prime_sqrt(number1) is True)
        assert(finding_prime_sqrt(number2) is False)
        assert(finding_prime_fermat(number1) is True)
        assert(finding_prime_fermat(number2) is False)
        print("테스트 통과!")

    if __name__ == "__main__":
        test_finding_prime()
```

테스트 통과!

다음 코드는 random 모듈을 사용하여 n비트 소수를 생성한다. 3을 입력하면, $5(101_{(2)})$ 또는 $7(111_{(2)})$의 결과가 나온다.

1장_숫자/11_generate_prime.py

```
import math
import random
import sys

def finding_prime_sqrt(number):
    num = abs(number)
    if num < 4:
        return True
    for x in range(2, int(math.sqrt(num)) + 1):
        if number % x == 0:
            return False
    return True

def generate_prime(number=3):
    while 1:
        p = random.randint(pow(2, number-2), pow(2, number-1)-1)
        p = 2 * p + 1
        if finding_prime_sqrt(p):
            return p
```

```python
if __name__ == "__main__":
    if len(sys.argv) < 2:
        print("Usage: generate_prime.py number")
        sys.exit()
    else:
        number = int(sys.argv[1])
        print(generate_prime(number))
```

```
$ python generate_prime.py 3
5 (또는 7)
```

1.8 넘파이 패키지

넘파이^{NumPy}(*https://www.numpy.org*)는 파이썬 프로그래밍 언어의 확장 패키지이며, 대규모의 다차원 배열 및 행렬을 지원한다. 또한 배열 연산에 쓰이는 수학 함수 라이브러리를 제공한다.

넘파이 배열은 임의의 차원^{dimension}을 가진다. 넘파이 모듈의 **array** 메서드를 사용하여 '시퀀스의 시퀀스(리스트 또는 튜플)'를 2차원 넘파이 배열로 생성할 수 있다.

```
>>> np.array( ((11,12,13), (21,22,23), (31,32,33)) )
array([[11, 12, 13],
       [21, 22, 23],
       [31, 32, 33]])
```

ndim 속성^{attribute}은 배열의 차원 수를 알려준다.

```
>>> x = np.array( ((11,12,13), (21,22,23)) )
>>> x.ndim
2
```

넘파이 모듈의 간단한 사용 예제를 살펴보자.

1장_숫자/12_testing_numpy.py

```python
import numpy as np

def testing_numpy():
    ''' tests many features of numpy '''
    ax = np.array([1,2,3])
    ay = np.array([3,4,5])
    print(ax)
    print(ax*2)
    print(ax+10)
    print(np.sqrt(ax))
    print(np.cos(ax))
    print(ax-ay)
    print(np.where(ax<2, ax, 10))

    m = np.matrix([ax, ay, ax])
    print(m)
    print(m.T)

    grid1 = np.zeros(shape=(10,10), dtype=float)
    grid2 = np.ones(shape=(10,10), dtype=float)
    print(grid1)
    print(grid2)
    print(grid1[1]+10)
    print(grid2[:,2]*2)

if __name__ == "__main__":
    testing_numpy()
```

```
[1 2 3]
[2 4 6]
[11 12 13]
[1.         1.41421356 1.73205081]
[ 0.54030231 -0.41614684 -0.9899925 ]
[-2 -2 -2]
[ 1 10 10]
[[1 2 3]
```

```
 [3 4 5]
 [1 2 3]]
[[1 3 1]
 [2 4 2]
 [3 5 3]]
[[0. 0. 0. 0. 0. 0. 0. 0. 0. 0.]
 [0. 0. 0. 0. 0. 0. 0. 0. 0. 0.]
 [0. 0. 0. 0. 0. 0. 0. 0. 0. 0.]
 [0. 0. 0. 0. 0. 0. 0. 0. 0. 0.]
 [0. 0. 0. 0. 0. 0. 0. 0. 0. 0.]
 [0. 0. 0. 0. 0. 0. 0. 0. 0. 0.]
 [0. 0. 0. 0. 0. 0. 0. 0. 0. 0.]
 [0. 0. 0. 0. 0. 0. 0. 0. 0. 0.]
 [0. 0. 0. 0. 0. 0. 0. 0. 0. 0.]
 [0. 0. 0. 0. 0. 0. 0. 0. 0. 0.]]
[[1. 1. 1. 1. 1. 1. 1. 1. 1. 1.]
 [1. 1. 1. 1. 1. 1. 1. 1. 1. 1.]
 [1. 1. 1. 1. 1. 1. 1. 1. 1. 1.]
 [1. 1. 1. 1. 1. 1. 1. 1. 1. 1.]
 [1. 1. 1. 1. 1. 1. 1. 1. 1. 1.]
 [1. 1. 1. 1. 1. 1. 1. 1. 1. 1.]
 [1. 1. 1. 1. 1. 1. 1. 1. 1. 1.]
 [1. 1. 1. 1. 1. 1. 1. 1. 1. 1.]
 [1. 1. 1. 1. 1. 1. 1. 1. 1. 1.]
 [1. 1. 1. 1. 1. 1. 1. 1. 1. 1.]]
[10. 10. 10. 10. 10. 10. 10. 10. 10. 10.]
[2. 2. 2. 2. 2. 2. 2. 2. 2. 2.]
```

넘파이 배열은 파이썬 리스트보다 훨씬 더 효율적이다. 다음 테스트 결과를 살펴보자(결과는 컴퓨터마다 다르겠지만 차이가 나는 것은 확인할 수 있다).

1장_숫자/13_testing_numpy_speed.py

```python
import numpy
import time

def trad_version():
    t1 = time.time()
    X = range(10000000)
```

```
        Y = range(10000000)
        Z = []
        for i in range(len(X)):
            Z.append(X[i] + Y[i])
        return time.time() - t1

def numpy_version():
    t1 = time.time()
    X = numpy.arange(10000000)
    Y = numpy.arange(10000000)
    Z = X + Y
    return time.time() - t1

if __name__ == "__main__":
    print(trad_version())
    print(numpy_version())
```

```
2.75357723236084
0.10969114303588867
```

내장 시퀀스 타입

이번 장에서는 파이썬 내장 **시퀀스**sequence 데이터 타입을 살펴본다. 시퀀스 타입은 다음과 같은 속성을 가진다.

- **맴버십**membership **연산** : in 키워드 사용
- **크기**size **함수** : len(seq)
- **슬라이싱**slicing **속성** : seq[:-1]
- **반복성**iterability : 반복문에 있는 데이터를 순회할 수 있음

파이썬에는 **문자열, 튜플, 리스트, 바이트 배열, 바이트** 등 5개의 내장 시퀀스 타입이 있다.[1] 다음 코드에서 이들을 생성하는 방법을 알 수 있다.

```
>>> l = []
>>> type(l)
<class 'list'>
>>> s = ""
>>> type(s)
<class 'str'>
>>> t = ()
>>> type(t)
<class 'tuple'>
>>> ba = bytearray(b"")
>>> type(ba)
<class 'bytearray'>
>>> b = bytes([])
>>> type(b)
<class 'type'>
```

---

1 이외에 네임드 튜플(named tuple)은 파이썬 표준 라이브러리인 collections 모듈에서 사용할 수 있다.

2.1 깊은 복사와 슬라이싱 연산

2.1.1 가변성

1장에서 파이썬의 숫자는 불변^{immutable} 객체 타입이라는 것을 배웠다. 이번 장에서는 **가변**^{mutable} 객체 타입에 대해서 살펴본다. 파이썬에서 튜플, 문자열, 바이트는 불변 객체 타입이며, 리스트와 바이트는 가변 객체 타입이다. 일반적으로 불변 객체 타입은 가변 객체 타입보다 효율적이다.[2] 또한 일부 컬렉션 데이터 타입[3]은 불변 데이터 타입으로 인덱싱할 수 있다.

파이썬의 모든 변수는 객체 참조^{reference}이므로 가변 객체를 복사할 때는 매우 주의해야 한다. a = b라고 할 때, a는 실제 b가 가리키는(참조하는) 곳을 가리킨다. 따라서 **깊은 복사**^{deep copy}의 개념을 이해하는 것이 중요하다.

리스트(list)의 깊은 복사 예제는 다음과 같다.

```
>>> myList = [1, 2, 3, 4]
>>> newList = myList[:]
>>> newList2 = list(myList2)
```

셋(set)의 깊은 복사 예제는 다음과 같다(셋은 다음 장에서 다룬다).

```
>>> people = {"버피", "에인절", "자일스"}
>>> slayers = people.copy()
>>> slayers.discard("자일스")
>>> slayers.remove("에인절")
>>> slayers
{'버피'}
>>> people
{'자일스', '버피', '에인절'}
```

---

2 역자주_ 불변 객체를 사용하면 복제나 비교를 위한 조작을 단순화할 수 있고, 성능 개선에도 도움이 된다. 하지만 객체가 변경 가능한 데이터를 많이 가지고 있는 경우엔 불변이 오히려 부적절한 경우도 있다. *https://ko.wikipedia.org/wiki/불변객체* 참조.
3 컬렉션 데이터 타입으로는 셋과 딕셔너리가 있다. 다음 장에서 살펴본다.

딕셔너리(dict)의 깊은 복사 예제는 다음과 같다.

```
>>> myDict = {"안녕": "세상"}
>>> newDict = myDict.copy()
```

기타 객체의 깊은 복사를 할 때는 **copy** 모듈을 사용한다.

```
>>> import copy
>>> myObj = "다른 어떤 객체"
>>> newObj = copy.copy(myObj) # 얕은 복사(shallow copy)
>>> newObj2 = copy.deepcopy(myObj) # 깊은 복사(deep copy)
```

2.1.2 슬라이싱 연산자

파이썬 시퀀스 타입에서 슬라이싱 연산자의 구문은 다음과 같다.

```
seq[ 시작 ]
seq[ 시작:끝 ]
seq[ 시작:끝:스텝 ]
```

오른쪽(맨 끝)부터 읽고 싶다면 인덱스를 음수로 나타낼 수도 있다.

```
>>> word = "뱀파이어를 조심해!"
>>> word[-1]
'!'
>>> word[-2]
'해'
>>> word[-2:]
'해!'
>>> word[:-2]
'뱀파이어를 조심'
>>> word[-0]
'뱀'
```

2.2 문자열

파이썬은 불변의 **str** 타입을 사용하여 **문자열**string을 표현한다. 문자열이란 곧 일련의 문자sequence of characters다. 파이썬의 모든 객체에는 두 가지 출력 형식이 있다. 문자열string 형식은 사람을 위해서 설계되었고, 표현representational 형식은 파이썬 인터프리터에서 사용하는 문자열로 보통 디버깅할 때 사용된다.[4] 파이썬 클래스를 작성할 때에는, 문자열 표현을 정의하는 것이 중요하다.

2.2.1 유니코드 문자열

유니코드Unicode는 전 세계 언어의 문자를 정의하기 위한 국제 표준 코드다. 유니코드는 공백, 특수문자, 수학 및 기타 분야의 기호들도 포함하고 있다. 파이썬 3부터 모든 문자열은 일반적인 바이트가 아닌 유니코드다. 문자열 앞에 **u**를 붙이면 유니코드 문자열을 만들 수 있다.

```
>>> u'잘가\u0020세상 !'
'잘가 세상 !'
```

위 예제에서, 이스케이프 시퀀스escape sequence는 서수 값이 0x0020인 유니코드 문자를 나타낸다. 일반적인 아스키 코드ASCII code의 표현은 7비트(아스키 코드를 확장한 ANSI 코드는 8비트)이고, 유니코드 표현에는 16비트가 필요하다. 파이썬 유니코드에 대한 자세한 내용은 공식 문서를 참조한다.[5]

---

4 역자주_ 문자열 형식은 str(), object.__str__(self), 그리고 표현 형식은 repr(), object.__repr__(self) 메서드에 대응된다. 파이썬 공식 문서를 참조한다. *https://docs.python.org/3/reference/datamodel.html#object.__repr__* 다음 스택오버플로 글도 참조할 만하다. *https://stackoverflow.com/questions/38418070*

5 역자주_ *https://docs.python.org/3/howto/unicode.html*

2.2.2 문자열 메서드

join()

A.join(B)는 리스트 B에 있는 모든 문자열을 하나의 단일 문자열 A로 결합한다. 문자열을 연결하는 데에는 +기호를 사용할 수도 있지만, 리스트에 많은 양의 문자열이 있으면 비효율적이다.

```
>>> slayer = ["버피", "앤", "아스틴"]
>>> " ".join(slayer)
'버피 앤 아스틴'
>>> "-<>-".join(slayer)
'버피-<>-앤-<>-아스틴'
>>> "".join(slayer)
'버피앤아스틴'
```

다음과 같이 join() 메서드와 내장 함수 reversed() 메서드를 같이 사용할 수도 있다.

```
>>> "".join(reversed(slayer))
'아스틴앤버피'
```

ljust(), rjust()

A.ljust(width, fillchar)는 문자열 A '맨 처음'부터 문자열을 포함한 길이 width만큼 문자 fillchar를 채운다. A.rjust(width, fillchar)는 문자열 A '맨 끝'부터 문자열을 포함한 길이 width만큼 문자 fillchar를 채운다.

```
>>> name = "스칼렛"
>>> name.ljust(50, '-')
'스칼렛-----------------------------'

>>> name.rjust(50, '-')
'-----------------------------스칼렛'
```

format()

A.format()은 문자열 A에 변수를 추가하거나 형식화하는 데 사용된다.

```
>>> "{0} {1}".format("안녕,", "파이썬!")
"안녕, 파이썬!"
>>> "이름: {who}, 나이: {age}".format(who="제임스", age=17)
'이름: 제임스, 나이: 17'
>>> "이름: {who}, 나이: {0}".format(12, who="에이미")
'이름: 에이미, 나이: 12'
```

파이썬 3.1부터 필드field 이름이나 인덱스를 생략할 수 있다. 이러한 경우 파이썬
은 자동으로 순서대로 필드에 0부터 시작하는 번호를 매긴다. 다음 예제를 살펴
보자.

```
>>> "{} {} {}".format("파이썬", "자료구조", "알고리즘")
'파이썬 자료구조 알고리즘'
```

여기에 + 연산자를 사용하면 문자열을 더 간결하게 결합할 수 있다. format() 메
서드는 3개의 지정자로 문자열을 조금 더 유연하게 결합할 수 있다. 지정자 s는
문자열str 형식을, r은 표현repr 형식을, a는 아스키ascii 코드 형식을 의미한다(문자
열 형식과 표현 형식은 '2.2 문자열' 참조).

```
>>> import decimal
>>> "{0} {0!s} {0!r} {0!a}".format(decimal.Decimal("99.9"))
"99.9 99.9 Decimal('99.9') Decimal('99.9')"
```

문자열 언패킹

문자열 매핑 언패킹mapping unpacking6 연산자는 **이며, 이를 사용하면 함수로 전달
하기에 적합한 키-값 딕셔너리가 생성된다. 다음 예제를 살펴보자. locals() 메

---

6 역자주_ 언패킹이란 쉽게 말해 컬렉션의 요소를 여러 변수에 나누어 담는 것을 말한다.

서드는 현재 스코프^{scope}에 있는 지역 변수^{local variable}를 딕셔너리로 반환한다.

```
>>> hero = "버피"
>>> number = 999
>>> "{number}: {hero}".format(**locals())
'999: 버피'
```

splitlines()

A.splitlines()는 문자열 A에 대해 줄 바꿈 문자를 기준으로 분리한 결과를 문자열 리스트로 반환한다.

```
>>> slayers = "로미오\n줄리엣"
>>> slayers.splitlines()
['로미오', '줄리엣']
```

split() 메서드

A.split(t, n)는 문자열 A에서 문자열 t를 기준으로 정수 n번만큼 분리한 문자열 리스트를 반환한다. n을 지정하지 않으면 대상 문자열을 t로 최대한 분리한다. t도 지정하지 않으면 공백 문자^{whitespace}로 구분한 문자열 리스트를 반환한다.

```
>>> slayers = "버피*크리스-메리*16"
>>> fields = slayers.split("*")
>>> fields
['버피', '크리스-메리', '16']
>>> job = fields[1].split("-")
>>> job
['크리스', '메리']
```

split() 메서드를 사용하여 문자열에서 모든 스페이스를 제거하는 함수를 하나 만들어보면 다음과 같다.

```
>>> def erase_space_from_string(string):
...     s1 = string.split(" ")
...     s2 = "".join(s1)
...     return s2
```

이와 비슷하게, `rsplit(t, n)` 메서드는 `split(t, n)` 메서드와 같은 방식으로 문자열을 오른쪽에서 왼쪽으로 분리한 문자열 리스트를 반환한다.

```
>>> start = "안녕*세상*!"
>>> start.split("*", 1)
['안녕', '세상*!']
>>> start.rsplit("*", 1)
['안녕*세상', '!']
```

strip()

`A.strip(B)`는 문자열 A 앞뒤의 문자열 B를 제거한다. 인수 B가 없으면 공백 문자를 제거한다.

```
>>> slayers = "로미오 & 줄리엣999"
>>> slayers.strip("999")
'로미오 & 줄리엣'
```

다음 코드는 `strip()` 메서드를 사용하여, 한 파일에서 사용된 모든 단어를 알파벳순으로 출력하며 각 단어가 등장한 횟수도 함께 출력한다.

2장_내장_시퀀스_타입/1_count_unique_words.py

```
import string
import sys

def count_unique_word():
    words = {}
    strip = string.whitespace + string.punctuation + string.digits + "\"'"
    for filename in sys.argv[1:]:
```

```
            with open(filename) as file:
                for line in file:
                    for word in line.lower().split():
                        word = word.strip(strip)
                        if len(word) > 2:
                            words[word] = words.get(word,0) + 1

        for word in sorted(words):
            print("{0}: {1}번".format(word, words[word]))

    if __name__ == "__main__":
        count_unique_word()
```

입력 파일을 따로 준비할 필요 없이 코드 자체를 입력 파일로 사용하려면 다음과
같은 식으로 실행하면 된다.

```
$ python 1_count_unique_words.py 1_count_unique_words.py
'count_unique_word': 2번
'def': 1번
'file': 2번
'filename': 1번
'for': 4번
'import': 2번
'len(word': 1번
'line': 1번
'line.lower().split': 1번
'main': 1번
'n".format(word': 1번
'name': 1번
'open(filename': 1번
'print': 1번
'sorted(words': 1번
'string': 1번
'string.digits': 1번
'string.punctuation': 1번
'string.whitespace': 1번
'strip': 1번
'sys': 1번
'sys.argv': 1번
```

```
'with': 1번
'word': 3번
'word.strip(strip': 1번
'words': 1번
'words.get(word': 1번
'words[word': 2번
```

strip() 메서드와 비슷한 것으로 lstrip(), rstrip() 메서드가 있다.
A.lstrip(chars)는 문자열 A의 시작(왼쪽) 부분에 있는 문자열 chars 또는 공
백을 제거한다. A.rstrip(chars) 메서드도 마찬가지로 문자열 A의 끝(오른쪽)
부분에 있는 chars 또는 공백을 제거한다.

swapcase() 메서드

A.swapcase()는 문자열 A에서 대소문자를 반전한 문자열의 복사본을 반환한다.

```
>>> slayers = "Buffy and Faith"
>>> slayers.swapcase()
'bUFFY AND fAITH'
```

또한 capitalize() 메서드는 문자열 첫 글자를 대문자로, lower() 메서드는
전체 문자열을 소문자로, upper() 메서드는 전체 문자열을 대문자로 변경한 문
자열의 복사본을 반환한다.

index(), find() 메서드

문자열 안에서 또 다른 문자열의 인덱스 위치를 찾는 메서드가 있다. A.index
(sub, start, end)는 문자열 A에서 부분 문자열 sub의 인덱스 위치를 반환하
며, 실패하면 ValueError 예외를 발생시킨다. A.find(sub, start, end)는
문자열 A에서 부분 문자열 sub의 인덱스 위치를 반환하며, 실패하면 −1을 반환
한다. 인덱스 start와 end는 문자열 범위이며, 생략할 경우 전체 문자열에서 부
분 문자열 sub를 찾는다.

```
>>> slayers = "Buffy and Faith"
>>> slayers.find("y")
4
>>> slayers.find("k")
-1
>>> slayers.index("k")
Traceback (most recent call last):
  File "<stdin>", line 1, in <module>
ValueError: substring not found
>>> slayers.index("y")
4
```

또한 rindex(sub, start, end) 메서드는 문자열의 끝(오른쪽)에서부터 일치
하는 부분 문자열 sub의 인덱스를 반환한다. rfind(sub, start, end) 메서드
도 마찬가지다. 앞에서 본 것처럼 검색이 실패할 경우 rindex() 메서드는 Val-
ueError 예외를 발생시키고, rfind() 메서드는 −1을 반환한다.

count() 메서드

A.count(sub, start, end)는 문자열 A에서 인덱스 start, end 범위 내의 부
분 문자열 sub가 나온 횟수를 반환한다.

```
>>> slayer = "Buffy is Buffy is Buffy"
>>> slayer.count("Buffy", 0, -1)
2
>>> slayer.count("Buffy")
3
```

replace() 메서드

A.replace(old, new, maxreplace)는 문자열 A에서 문자열 old를 대체 문자
열 new로 maxreplace만큼 변경한 문자열의 복사본을 반환한다. maxreplace를
지정하지 않으면, 모든 old를 new로 변경한다.

```
>>> slayer = "Buffy is Buffy is Buffy"
>>> slayer.replace("Buffy", "who", 2)
'who is who is Buffy'
```

f-strings

f스트링formatted string literal은 파이썬 3.6부터 사용 가능하다. 다음 예제와 같이 문자열 앞에 접두사 f를 붙이면 사용할 수 있다. 기존의 %나 .format 방식에 비해 간결하고 직관적이며 속도도 빠르다.

```
>>> name = "프레드"
>>> f"그의 이름은 {name!r}입니다."
"그의 이름은 '프레드'입니다."
>>> f"그의 이름은 {repr(name)}입니다."  # repr()은 !r과 같다.
"그의 이름은 '프레드'입니다."
>>> import decimal
>>> width = 10
>>> precision = 4
>>> value = decimal.Decimal("12.34567")
>>> f"결과: {value:{width}.{precision}}"  # 중첩 필드 사용
'결과:      12.35'
>>> from datetime import datetime
>>> today = datetime(year=2017, month=1, day=27)
>>> f"{today:%B %d, %Y}"  # 날짜 포맷 지정 지정자(specifier) 사용
'January 27, 2017'
>>> number = 1024
>>> f"{number:#0x}"  # 정수 포맷 지정자 사용 (16진수 표현)
'0x400'
```

f스트링에 대한 자세한 내용은 파이썬 공식 문서를 참조한다.

- **PEP 498** : *https://www.python.org/dev/peps/pep-0498/*
- **Formatted string literals** : *https://docs.python.org/3/reference/lexical_analysis.html#f-strings*

2.3 튜플

튜플^{tuple}은 쉼표(,)로 구분된 값으로 이루어지는 불변 시퀀스 타입이다.

```
>>> t1 = 1234, '안녕!'
>>> t1[0]
1234
>>> t1
(1234, '안녕!')
>>> t2 = t1, (1, 2, 3, 4, 5) # 중첩됨(nested)
>>> t2
((1234, '안녕!'), (1, 2, 3, 4, 5))
```

문자열에서 각 위치에 단일 문자가 있는 것처럼, 튜플은 각 위치에 객체 참조를 갖는다. 리스트와 같이 변경 가능한 객체를 포함하는 튜플을 만들 수도 있다. 빈 튜플은 괄호 쌍으로 생성할 수 있다. 튜플은 값과 쉼표를 사용해 생성한다(괄호 안에 쉼표 없이 값 하나만 넣으면 튜플이 생성되지 않는다).

```
>>> empty = ()
>>> t1 = '안녕', # 또는 ('안녕',)
>>> len(empty)
0
>>> len(t1)
1
>>> t1
('안녕',)
>>> t2 = ('안녕')
>>> t2
>>> '안녕'
```

2.3.1 튜플 메서드

A.count(x)는 튜플 A에 담긴 항목 x의 개수를 반환한다.

```
>>> t = 1, 5, 7, 8, 9, 4, 1, 4
>>> t.count(4)
2
```

index(x) 메서드는 항목 x의 인덱스 위치를 반환한다.

```
>>> t = 1, 5, 7
>>> t.index(5)
1
```

2.3.2 튜플 언패킹

파이썬에서 모든 반복 가능한iterable 객체는 **시퀀스 언패킹 연산자**sequence unpacking operator *를 사용하여 언패킹할 수 있다. 변수를 할당하는 문장에서 왼쪽에 두 개 이상의 변수를 사용하고 한 변수 앞에 * 연산자가 붙으면, 오른쪽 값들 중 할당되고 남은 값들이 * 연산자가 붙은 변수에 할당된다.

```
>>> x, *y = (1, 2, 3, 4)
>>> x
1
>>> y
[2, 3, 4]
>>> *x, y = (1, 2, 3, 4)
>>> x
[1, 2, 3]
>>> y
4
```

2.3.3 네임드 튜플

파이썬 표준 모듈 collections[7]에는 네임드 튜플^{named tuple}이라는 시퀀스 데이터 타입이 있다. 네임드 튜플은 일반 튜플과 비슷한 성능과 특성을 갖지만, 튜플 항목을 인덱스 위치뿐만아니라 이름으로도 참조할 수 있다.

collections.namedtuple() 메서드의 첫 번째 인수는 만들고자 하는 사용자 정의 튜플 데이터 타입의 이름이다(보통 왼쪽에 할당하는 변수의 이름과 똑같이 사용한다). 두 번째 인수는 사용자 정의 튜플 각 항목을 지정하는 '공백으로 구분된 문자열'이다(리스트 또는 튜플로 지정해도 된다). 다음 예제를 살펴보자(주석으로 처리한 라인도 결과는 모두 같다).

```
>>> import collections
>>> Person = collections.namedtuple('Person','name age gender')
>>> # Person = collections.namedtuple('Person',['name', 'age', 'gender'])
>>> # Person = collections.namedtuple('Person',('name', 'age', 'gender'))
>>> p = Person('아스틴', 30, '남자')
>>> p
Person(name='아스틴', age=30, gender='남자')
>>> p[0]
'아스틴'
>>> p.name
'아스틴'
>>> p.age = 20 # 에러: 일반 튜플과 마찬가지로 불변형이다.
Traceback (most recent call last):
  File "<stdin>", line 1, in <module>
AttributeError: can't set attribute
```

2.4 리스트

일반적으로 컴퓨터 과학에서 배열^{array}은 여러 요소(원소)^{element}들이 연속된 메모리에 순차적으로 저장되는 매우 간단한 구조다. 연결 리스트^{linked list}는 여러 분리된 노

---

7 다음 장에서 자세히 살펴본다.

드node가 서로 연결되어 있는 구조다. 자료구조의 내용을 순회iterating하는 데에는 둘 모두 똑같이 효율적이지만, 어떤 요소(또는 노드)에 **직접 접근**할 때 배열의 시간복잡도time complexity는 $O(1)$이고, 연결 리스트는 $O(n)$이다(연결 리스트는 어떤 노드에 접근하려면 처음부터 순회를 시작해야 한다). 또한 연결 리스트에서 어떤 노드를 삽입할 때, 그 위치를 안다면 연결 리스트 노드 수에 상관없이 시간복잡도는 $O(1)$이다. 배열에서 어떤 위치에 항목을 **삽입**하려면, 그 위치에서부터 모든 항목을 오른쪽으로 옮겨야 하므로 시간복잡도는 $O(n)$이다.

파이썬에서 배열과 유사한 객체는 **리스트**list다. 리스트는 크기를 동적으로 조정할 수 있는 배열이다. 연결 리스트와는 아무런 관련도 없다. 연결 리스트는 매우 중요한 **추상 데이터 타입**(ADT)이다('7.5 연결 리스트' 참조). 배열(또는 파이썬 리스트)과 연결 리스트의 차이점을 아는 것은 매우 중요하다.

리스트는 항목을 쉼표로 구분하고, 대괄호 [ ]로 감싼다. 리스트의 항목은 모두 다른 데이터 타입이어도 된다. 불변 타입인 문자열과는 달리, 리스트는 가변 타입이다.

```
>>> q = [2, 3]
>>> p = [1, q, 4]
>>> p[1].append("버피")
>>> p
[1, [2, 3, '버피'], 4]
>>> q
[2, 3, '버피']
```

리스트 끝에서 항목을 추가하거나 제거할 때는 각각 append()와 pop() 메서드를 사용하며, 시간복잡도는 $O(1)$이다. 리스트 항목을 검색해야 하는 remove(), index() 메서드, 멤버십 테스트 in 등의 시간복잡도는 $O(n)$이다. insert() 메서드 또한 지정한 인덱스에 항목을 삽입한 후, 그 이후의 인덱스 항목들을 한 칸씩 뒤로 밀어야 하므로 시간복잡도는 $O(n)$이다.

검색이나 멤버십 테스트 시 빠른 속도가 필요하다면 **셋**set이나 **딕셔너리**dictionary 같은 컬렉션 타입을 선택하는 것이 더 적합할 수 있다('3장 컬렉션 자료구조' 참조).
또는 리스트에서 항목을 순서대로 정렬하여 보관하면, 빠른 검색을 제공할 수 있
다(10장에서 시간복잡도가 O(log n)인 이진 검색 알고리즘에 대해서 살펴본다).

2.4.1 리스트 메서드

append()

A.append(x)는 리스트 A 끝에 항목 x를 추가한다. 다음 코드에서 볼 수 있듯
A[len(A):] = [x]와 동일한 의미다.

```
>>> people = ["버피", "페이스"]
>>> people.append("자일스")
>>> people
['버피', '페이스', '자일스']
>>> people[len(people):] = ["잰더"]
>>> people
['버피', '페이스', '자일스', '잰더']
```

extend()

A.extend(c)는 반복 가능한 모든 항목 c를 리스트 A에 추가한다. A[len(A):]
= c 또는 A += c와 동일하다.

```
>>> people = ["버피", "페이스"]
>>> people.extend("자일스")
>>> people
['버피', '페이스', '자', '일', '스']
>>> people += "윌로"
>>> people
['버피', '페이스', '자', '일', '스', '윌', '로']
>>> people += ["잰더"]
>>> people
['버피', '페이스', '자', '일', '스', '윌', '로', '잰더']
>>> people[len(people):] = "아스틴"
```

```
>>> people
['버피', '페이스', '자', '일', '스', '윌', '로', '잰더', '아', '스', '틴']
```

insert()

A.insert(i, x)는 리스트 A의 인덱스 위치 i에 항목 x를 삽입한다.

```
>>> people = ["버피", "페이스"]
>>> people.insert(1, "잰더")
>>> people
['버피', '잰더', '페이스']
```

remove()

A.remove(x)는 리스트 A의 항목 x를 제거한다. x가 존재하지 않으면 ValueError 예외를 발생시킨다.

```
>>> people = ["버피", "페이스"]
>>> people.remove("버피")
>>> people
['페이스']
>>> people.remove("버피")
Traceback (most recent call last):
  File "<stdin>", line 1, in <module>
ValueError: list.remove(x): x not in list
```

pop()

A.pop(x)는 리스트 A에서 인덱스 x에 있는 항목을 제거하고 그 항목을 반환한다. x를 지정하지 않으면, 리스트 맨 끝 항목을 제거하고 그 항목을 반환한다.

```
>>> people = ["버피", "페이스", "아스틴"]
>>> people.pop(1)
'페이스'
>>> people
```

```
['버피', '아스틴']
>>> people.pop()
'아스틴'
>>> people
['버피']
```

del문

del문은 리스트 인덱스를 지정하여 특정 항목을 삭제한다. 그뿐만 아니라, 슬라이스를 사용하여 특정 범위 항목들을 삭제할 수도 있다.

```
>>> a = [-1, 4, 5, 7, 10]
>>> del a[0]
>>> a
[4, 5, 7, 10]
>>> del a[2:3]
>>> a
[4, 5, 10]
>>> del a # 변수 a 자체를 삭제한다.
>>> a
Traceback (most recent call last):
  File "<stdin>", line 1, in <module>
NameError: name 'a' is not defined
```

객체 참조가 삭제되고 다른 객체가 더 이상 그 데이터를 참조하지 않을 때, 파이썬은 그 데이터 항목을 가비지 컬렉터garbage collector에 수집한다.[8]

index()

A.index(x)는 리스트 A에서 항목 x의 인덱스를 반환한다.

```
>>> people = ["버피", "페이스"]
>>> people.index("버피")
0
```

---

[8] 가비지란 쓰레기라는 뜻으로, 컴퓨터 과학에서는 더 이상 참조되지 않으면서도 메모리 공간을 차지하는 객체 등을 말한다. 가비지 컬렉션은 메모리를 자동으로 관리하는 기능이다.

count()

A.count(x)는 리스트 A에 항목 x가 몇 개 들어 있는지 개수를 반환한다.

```
>>> people = ["버피", "페이스", "버피"]
>>> people.count("버피")
2
```

sort()

리스트 A의 항목을 정렬하여 그 변수 자체에in place 적용한다. A.sort(key, re-verse)에 아무런 인수가 없으면 오름차순으로 정렬하며, 인수를 지정할 때는 키워드 인수keyword argument를 사용해야 한다. 예를 들어 리스트의 항목을 내림차순으로 정렬하려면 sort(reverse=True) 형식으로 지정해야 하고, 인수 key를 지정하려면 함수를 넣어야 한다. 다음 예제를 살펴보자.

```
>>> people = ["잰더", "페이스", "버피"]
>>> people.sort()
>>> people
['버피', '페이스', '잰더']
>>> people.sort(reverse=True)
>>> people
['잰더', '페이스', '버피']
```

응용 예제로 날짜를 정렬하는 코드는 다음과 같다.

```
>>> import time
>>> timestamp = [
...     "2018-12-12 01:17:31",
...     "2018-12-12 02:17:28",
...     "2018-12-12 06:39:26",
...     "2018-11-25 07:30:35",
...     "2018-11-25 11:32:33",
...     "2018-11-25 12:35:48"
... ]
>>> def time_format(t):
```

```
...     return time.strptime(t, '%Y-%m-%d %H:%M:%S')[0:6]
...
>>> timestamp.sort(key=time_format, reverse=True) # 날짜를 최신순으로 정렬
['2018-12-12 06:39:26', '2018-12-12 02:17:28', '2018-12-12 01:17:31', '2018-
11-25 12:35:48', '2018-11-25 11:32:33', '2018-11-25 07:30:35']
>>> timestamp.sort(key=lambda x: time.strptime(x, '%Y-%m-%d %H:%M:%S')[0:6],
reverse=True)
['2018-12-12 06:39:26', '2018-12-12 02:17:28', '2018-12-12 01:17:31', '2018-
11-25 12:35:48', '2018-11-25 11:32:33', '2018-11-25 07:30:35']
```

reserve()

A.reverse() 메서드는 리스트 A의 항목들을 반전시켜서 그 변수에 적용한다.
list[::-1]을 사용하는 것과 같다.

```
>>> people = ["잰더", "페이스", "버피"]
>>> people.reverse()
>>> people
['버피', '페이스', '잰더']
>>> people[::-1]
['잰더', '페이스', '버피']
```

2.4.2 리스트 언패킹

리스트 언패킹은 튜플 언패킹과 비슷하다.

```
>>> first, *rest = [1,2,3,4,5]
>>> first
1
>>> rest
[2, 3, 4, 5]
```

함수의 전달 인수로 리스트에 **별(*) 인수**starred argument9를 사용할 수도 있다.

---

9 역자주_ asterisk argument라고도 한다.

```
>>> def example_args(a, b, c):
...   return a * b * c # 여기에서 * 연산자는 곱셈이다.
>>> L = [2, 3, 4]
>>> example_args(*L) # 리스트 언패킹
24
>>> example_args(2, *L[1:])
24
```

2.4.3 리스트 컴프리헨션

리스트 컴프리헨션list comprehension은 반복문의 표현식이다(조건문을 포함할 수도 있다). 형식은 다음과 같이 대괄호 []로 묶는다.

- [항목 for 항목 in 반복 가능한 객체]
- [표현식 for 항목 in 반복 가능한 객체]
- [표현식 for 항목 in 반복 가능한 객체 if 조건문]

몇 가지 예제를 통해 리스트 컴프리헨션을 익혀보자.

```
>>> a = [y for y in range(1900, 1940) if y%4 == 0]
>>> a
[1900, 1904, 1908, 1912, 1916, 1920, 1924, 1928, 1932, 1936]
>>> b = [2**i for i in range(13)]
>>> b
[1, 2, 4, 8, 16, 32, 64, 128, 256, 512, 1024, 2048, 4096]
>>> c = [x for x in a if x%2==0]
>>> c
[0, 4, 16, 36, 64]
>>> d = [str(round(355/113.0,i)) for i in range(1,6)]
>>> d
['3.1', '3.14', '3.142', '3.1416', '3.14159']
>>> words = 'Buffy is awesome and a vampire slayer'.split()
>>> e = [[w.upper(), w.lower(), len(w)] for w in words]
>>> for i in e:
...     print(i)
...
```

```
['BUFFY', 'buffy', 5]
['IS', 'is', 2]
['AWESOME', 'awesome', 7]
['AND', 'and', 3]
['A', 'a', 1]
['VAMPIRE', 'vampire', 7]
['SLAYER', 'slayer', 6]
```

리스트 컴프리헨션은 단순한 경우에만 사용하는 것이 좋다. 코드 내용의 가독성을 위해서는 여러 줄의 표현식과 조건문으로 표현하는 것이 리스트 컴프리헨션 한 줄로 표현하는 것보다 나을 수도 있다. 구글 파이썬 스타일 가이드에서 소개하는 리스트 컴프리헨션의 좋은 예와 나쁜 예를 참조한다.[10] 먼저 좋은 예이다.

```
result = []
for x in range(10):
    for y in range(5):
        if x * y > 10:
            result.append((x, y))

for x in range(5):
    for y in range(5):
        if x != y:
            for z in range(5):
                if y != z:
                    yield (x, y, z)

return ((x, complicated_transform(x))
        for x in long_generator_function(parameter)
        if x is not None)

squares = [x * x for x in range(10)]

eat(jelly_bean for jelly_bean in jelly_beans
    if jelly_bean.color == 'black')
```

반면 다음은 나쁜 예이다.

---

10 역자주_ https://google.github.io/styleguide/pyguide.md

```
result = [(x, y) for x in range(10) for y in range(5) if x * y > 10]

return ((x, y, z)
        for x in xrange(5)
        for y in xrange(5)
        if x != y
        for z in xrange(5)
        if y != z)
```

2.4.4 리스트 메서드 성능 측정

리스트의 메서드를 벤치마킹 테스트하여 성능을 측정해보자. 아래 테스트에서는
timeit 모듈의 Timer 객체를 생성해 사용한다. Timer 객체의 첫 번째 매개변수
는 우리가 측정하고자 하는 코드이며, 두 번째 매개변수는 테스트를 위한 설정 문
이다. timeit 모듈은 명령문을 정해진 횟수만큼 실행하는 데 걸리는 시간을 측정
한다(기본값은 number = 1000000이다). 테스트가 완료되면, 문장이 수행된 시
간(밀리초)을 부동소수점 값으로 반환한다.[11]

2장_내장_시퀀스_타입/2_runtime_lists_with_timeit_module.py

```
def test1():
    l = []
    for i in range(1000):
        l = l + [i]

def test2():
    l = []
    for i in range(1000):
        l.append(i)

def test3():
```

---

[11] 역자주_ timeit() 메서드로 성능을 측정할 때는 임시로 가비지 컬렉션 기능이 중지된다. 가비지 컬렉션 수행 시간도
성능 측정에 같이 포함하고 싶다면, 다음과 같이 gc.enable()를 추가해야 한다. *https://docs.python.org/3/library/
timeit.html#timeit.Timer.timeit* 참조.

```
import gc
timeit.Timer('for i in range(10): oct(i)', 'gc.enable()').timeit()
```

```
    l = [i for i in range(1000)]

def test4():
    l = list(range(1000))

if __name__ == "__main__":
    import timeit
    t1 = timeit.Timer("test1()", "from __main__ import test1")
    print("concat ",t1.timeit(number=1000), "milliseconds")
    t2 = timeit.Timer("test2()", "from __main__ import test2")
    print("append ",t2.timeit(number=1000), "milliseconds")
    t3 = timeit.Timer("test3()", "from __main__ import test3")
    print("comprehension ",t3.timeit(number=1000), "milliseconds")
    t4 = timeit.Timer("test4()", "from __main__ import test4")
    print("list range ",t4.timeit(number=1000), "milliseconds")
```

```
concat  0.952507569003501 milliseconds
append  0.0657271570089506 milliseconds
comprehension  0.030677065995405428 milliseconds
list range  0.01295080001000315 milliseconds
```

종합적으로, 리스트 메서드의 시간복잡도는 다음과 같다. n은 리스트의 총 항목 수이고, k는 연산(조회 및 추가) 항목 수다.

연산	시간복잡도
인덱스 [ ] 접근	O(1)
인덱스 할당	O(1)
append()	O(1)
pop()	O(1)
pop(i)	O(n)
insert(i, 항목)	O(n)
del 연산자	O(n)
삽입	O(n)
멤버십 테스트 in	O(n)

슬라이스 [x:y] 조회	O(k)
슬라이스 삭제	O(n)
슬라이스 할당	O(n+k)
reverse()	O(n)
연결concatenate	O(k)
sort()	O(n log n)
곱하기	O(nk)

2.5 바이트와 바이트 배열

파이썬은 원시 바이트raw byte를 처리하는 데 사용할 수 있는 데이터 타입으로 불변 타입의 **바이트(byte)**와 가변 타입의 **바이트 배열(bytearray)**을 제공한다. 두 타입 모두 0~255 범위의 부호 없는 8비트 정수 시퀀스로 이루어진다. 바이트 타입은 문자열 타입과 유사하며, 바이트 배열 타입은 리스트 타입과 유사하다.

```
>>> blist = [1, 2, 3, 255]
>>> the_bytes = bytes(blist)
>>> the_bytes
b'\x01\x02\x03\xff'
>>>
>>> the_byte_array = bytearray(blist)
>>> the_byte_array
bytearray(b'\x01\x02\x03\xff')
>>>
>>> the_bytes[1] = 127 # 불변(immutable)
Traceback (most recent call last):
  File "<stdin>", line 1, in <module>
TypeError: 'bytes' object does not support item assignment
>>>
>>> the_byte_array[1] = 127 # 가변(mutable)
>>> the_byte_array
bytearray(b'\x01\x7f\x03\xff')
```

2.5.1 비트와 비트 연산자

비트 연산자는 비트로 표현된 숫자를 조작하는 데 유용하다. 예를 들어 곱셈 연산자를 사용하는 대신 비트 연산자로 곱셈을 할 수 있다. 1 << x는 숫자 1을 x번만큼 **왼쪽으로 이동**left shift한다는 의미로 2^x을 신속하게 계산할 수 있다. 또한 x & (x - 1)이 0인지 확인하면, x가 2의 제곱인지 아닌지 신속하게 확인할 수 있다. 예를 들어 x가 4($=2^2$)인 경우, 4는 $100_{(2)}$이고 x-1인 3은 $011_{(2)}$이다. 두 값에 비트 AND(&) 연산을 적용하면 0이 된다. 즉, 2^x를 비트로 표현하면 100...0이 되고 2^x-1을 비트로 표현하면 011...1이 되므로, 이 두 값에 비트 AND 연산을 적용하면 0이 된다는 뜻이다(x는 0보다 큰 정수여야 한다).

```
>>> x = 4
>>> 1 << x
>>> 16
>>>
>>> x = 8
>>> x & (x - 1)
>>> 0
>>>
>>> x = 6
>>> x & (x - 1)
4
```

2.6 연습문제

2.6.1 문자열 전체 반전하기

이후 연습문제들을 다루기 위해 단순한 예제를 먼저 살펴보자. 파이썬은 다음과 같이 문자열을 쉽게 반전시킬 수 있다.

```python
def revert(s):
    if s:
        s = s[-1] + revert(s[:-1])
    return s

def revert2(string):
    return string[::-1]

if __name__ == "__main__":
    str1 = "안녕 세상!"
    str2 = revert(str1)
    str3 = revert2(str1)
    print(str2)
    print(str3)
```

!상세 녕안
!상세 녕안

2.6.2 문자열 단어 단위로 반전하기

이번에는 문자열 내의 단어 단위로 반전해보자. 이 문제에는 해결 방법이 여러 가지 있다. 파이썬 문자열은 불변 타입이기 때문에, 리스트를 사용하여 문제를 해결하는 것을 고려해야 할 것이다. 리스트 및 문자열 메서드를 사용할 수도 있지만, 포인터를 사용할 수도 있다. 포인터를 사용할 경우, 코드는 두 개의 반복문으로 구성된다. 첫 번째 반복문은 두 포인터를 사용하여 전체 문장을 반전한다. 두 번째 반복문에서는 공백을 만났을 때, 각 단어를 다시 반전한다(즉 첫 번째 반복문에서 반전했던 단어를 원래대로 돌려놓는다). 공백은 " " 또는 유니코드(u0020)로 나타낼 수 있다는 것과 마지막 단어의 공백 처리에 주의하자.

```python
def reverser(string1, p1=0, p2=None):
    if len(string1) < 2:
        return string1
    p2 = p2 or len(string1)-1
    while p1 < p2:
        string1[p1], string1[p2] = string1[p2], string1[p1]
        p1 += 1
        p2 -= 1

def reversing_words_setence_logic(string1):
    # 먼저, 문장 전체를 반전한다.
    reverser(string1)
    # print(string1)
    p = 0
    start = 0
    while p < len(string1):
        if string1[p] == u"\u0020":
            # 단어를 다시 반전한다(단어를 원위치로 돌려놓는다).
            reverser(string1, start, p-1)
            # print(string1)
            start = p+1
        p += 1
    # 마지막 단어를 반전한다(단어를 원위치로 돌려놓는다).
    reverser(string1, start, p-1)
    # print(string1)
    return "".join(string1)


if __name__ == "__main__":
    str1 = "파이썬 알고리즘 정말 재미있다"
    str2 = reversing_words_setence_logic(list(str1))
    print(str2)
```

재미있다 정말 알고리즘 파이썬

다음은 하나의 반복문만 사용하는 방법이다. 단어 단위로 나눠 리스트에 추가한
후, 리스트를 반전한다.

```python
def reverse_words_brute(string):
    word, sentence = [], []
    for character in string:
        if character != " ":
            word.append(character)
        else:
            # 조건문에서 빈 리스트는 False다. 여러 공백이 있는 경우, 조건문을
건너뛴다.
            if word:
                sentence.append("".join(word))
            word = []

    # 마지막 단어가 있다면, 문장에 추가한다.
    if word != "":
        sentence.append("".join(word))
    sentence.reverse()
    return " ".join(sentence)

if __name__ == "__main__":
    str1 = "파이썬 알고리즘 정말 재미있다"
    str2 = reverse_words_brute(str1)
    print(str2)
```

재미있다 정말 알고리즘 파이썬

문자열을 공백으로 구분해서 리스트를 생성한 다음, 슬라이스를 사용할 수도 있다.

2장_내장_시퀀스_타입/6_reversing_words.py

```python
def reversing_words_slice(word):
    new_word = []
    words = word.split(" ")
    for word in words[::-1]:
        new_word.append(word)
    return " ".join(new_word)

if __name__ == "__main__":
```

```
str1 = "파이썬 알고리즘 정말 재미있다"
str2 = reversing_words_slice(str1)
print(str2)
```

재미있다 정말 알고리즘 파이썬

아예 반복문 없이 리스트와 문자열 메서드만으로 해결할 수도 있다.

2장_내장_시퀀스_타입/7_reversing_words.py

```
def reversing_words(str1):
    words = str1.split(" ")
    rev_set = " ".join(reversed(words))
    return rev_set

def reversing_words2(str1):
    words = str1.split(" ")
    words.reverse()
    return " ".join(words)


if __name__ == "__main__":
    str1 = "파이썬 알고리즘 정말 재미있다"
    str2 = reversing_words(str1)
    str3 = reversing_words2(str1)
    print(str2)
    print(str3)
```

재미있다 정말 알고리즘 파이썬
재미있다 정말 알고리즘 파이썬

이 문제를 조금 더 확장하면 ! ? ; - . 등의 기호를 구분자로 사용하는 코드도 만들 수 있을 것이다.

2.6.3 단순 문자열 압축

다음은 문자열 aabcccccaaa를 a2b1c5a3 같은 형식으로 압축하는 예제다.

2장_내장_시퀀스_타입/8_simple_str_compression.py

```
def str_compression(s):
    count, last = 1, ""
    list_aux = []
    for i, c in enumerate(s):
        if last == c:
            count += 1
        else:
            if i != 0:
                list_aux.append(str(count))
            list_aux.append(c)
            count = 1
            last = c
    list_aux.append(str(count))
    return "".join(list_aux)


if __name__ == "__main__":
    result = str_compression("aabcccccaaa")
    print(result)
```

```
a2b1c5a3
```

2.6.4 문자열 순열

순열permutation은 서로 다른 n개 중 r개를 골라 순서를 고려해 나열한 경우의 수이다. 입력으로 들어오는 길이 n의 문자열에서 n개 문자를 모두 선택하는 경우의 문자열을 나열해보자. perm2() 함수에서는 itertools 모듈을 사용했다.

```
import itertools

def perm(s):
    if len(s) < 2:
        return s
    res = []
    for i, c in enumerate(s):
        for cc in perm(s[:i] + s[i+1:]):
            res.append(c + cc)
    return res

def perm2(s):
    res = itertools.permutations(s)
    return ["".join(i) for i in res]

if __name__ == "__main__":
    val = "012"
    print(perm(val))
    print(perm2(val))
```

```
['012', '021', '102', '120', '201', '210']
['012', '021', '102', '120', '201', '210']
```

이해를 쉽게 하기 위해서 인덱스와 입력값을 표로 살펴보자. 입력값이 **01**인 경우, perm() 함수의 경과를 분석해보면 다음과 같다.

s[i] = c	s[:i] + s[i+1:] = cc	c + cc
s[0] = 0	s[:0] + s[1:] = 1	01
s[1] = 1	s[:1] + s[2:] = 0	10

입력값이 **012**인 경우는 다음과 같다.

s[i] = c	s[:i] + s[i+1:] = cc				c + cc
s[0] = 0	s[:0] + s[1:] = 12				
		c	cc	c + cc	
		s[0]=1	2	12	012
		s[1]=2	1	21	021
s[1] = 1	s[:1] + s[2:] = 02				
		c	cc	c + cc	
		s[0]=0	2	02	102
		s[1]=2	0	20	120
s[2] = 2	s[:2] + s[3:] = 01				
		c	cc	c + cc	
		s[0]=0	1	01	201
		s[1]=1	0	10	210

012의 3개 문자에서 3개를 나열하는 순열의 경우의 수는 $_3P_3 = 3 \times 2 \times 1 = 6$ 이다. $_nP_n = n!$ 이므로 시간복잡도 역시 $O(n!)$ 이다.

위 코드를 응용하면 다음과 같이 입력 길이 n일 때 n 이하의 수에 대해서도 모든 순열의 경우를 나열할 수 있다.

2장_내장_시퀀스_타입/10_combination.py

```python
def combinations(s):
    if len(s) < 2:
        return s
    res = []
    for i, c in enumerate(s):
        res.append(c) # 추가된 부분
        for j in combinations(s[:i] + s[i+1:]):
            res.append(c + j)
    return res

if __name__ == "__main__":
```

```
result = combinations("abc")
print(result)
```

```
['a', 'ab', 'abc', 'ac', 'acb', 'b', 'ba', 'bac', 'bc', 'bca', 'c', 'ca',
'cab', 'cb', 'cba']
```

참고로 순열은 순서를 고려하여 나열하는 반면, 조합[combination]은 순열에서 순서를
고려하지 않는다. 앞에서 본 파이썬 itertools 모듈은 순열뿐만 아니라 조합을
계산하는 함수도 제공한다. 대략 어떻게 구현되어 있는지는 문서를 참조한다.

- 순열 : *https://docs.python.org/3/library/itertools.html#iter-tools.permutations*
- 조합 : *https://docs.python.org/3/library/itertools.html#iter-tools.combinations*

2.6.5 회문

회문[palindrome]이란 앞에서부터 읽으나 뒤에서부터 읽으나 동일한 단어나 구를 뜻한
다. 어떤 문자열이 회문인지 확인하는 코드를 작성해보자. 공백은 무시하며, 세
가지 버전으로 구현했다.

2장_내장_시퀀스_타입/11_palindrome.py

```python
def is_palindrome(s):
    l = s.split(" ")
    s2 = "".join(l)
    return s2 == s2[::-1]

def is_palindrome2(s):
    l = len(s)
    f, b = 0, l-1
    while f < l // 2:
        while s[f] == " ":
            f+=1
```

```python
        while s[b] == " ":
            b-=1
        if s[f] != s[b]:
            return False
        f+=1
        b-=1
    return True


def is_palindrome3(s):
    s = s.strip()
    if len(s) < 2:
        return True
    if s[0] == s[-1]:
        return is_palindrome(s[1:-1])
    else:
        return False


if __name__ == "__main__":
    str1 = "다시 합창합시다"
    str2 = ""
    str3 = "hello"
    print(is_palindrome(str1))
    print(is_palindrome(str2))
    print(is_palindrome(str3))
    print()
    print(is_palindrome2(str1))
    print(is_palindrome2(str2))
    print(is_palindrome2(str3))
    print()
    print(is_palindrome3(str1))
    print(is_palindrome3(str2))
    print(is_palindrome3(str3))
```

```
True
True
False

True
True
False
```

```
True
True
False
```

회문의 예제 문장은 위키백과12에서 참조할 수 있다.

---

12 역자주_ *https://ko.wikipedia.org/wiki/회문*

CHAPTER 03

컬렉션 자료구조

2장에서는 시퀀스 자료구조로 데이터를 슬라이싱하거나 정렬했다. **컬렉션**collection 자료구조는 시퀀스 자료구조와 달리, 데이터를 서로 연관시키지relating 않고 모아 두는 컨테이너container다. 컬렉션 자료구조는 시퀀스 자료구조에서 봤던 속성 중 세 가지 속성을 지닌다.

- 멤버십 연산자 : in
- 크기 함수 : len(seq)
- 반복성 : 반복문의 데이터를 순회한다.

파이썬의 내장 컬렉션 데이터 타입에는 **셋**과 **딕셔너리**가 있다. 이 장의 마지막 절 에서는 collections 모듈이 제공하는 다른 유용한 컬렉션 데이터 타입들도 살 펴본다.

3.1 셋

파이썬의 **셋**(집합)set은 반복 가능하고, 가변적이며, 중복 요소가 없고, 정렬되지 않은 컬렉션 데이터 타입이다.[1] 인덱스 연산은 할 수 없다. 셋은 **멤버십 테스트** 및 **중복 항목 제거**에 사용된다. 셋의 삽입 시간복잡도는 $O(1)$이고, 합집합union의 시간 복잡도는 $O(m + n)$이다. 교집합intersection의 경우, 두 셋 중에서 더 작은 셋에 대해 서만 계산하면 되므로, 시간복잡도는 $O(n)$이다.

---

[1] 파이썬 collections 모듈은 정렬된 셋도 지원한다. 이 데이터 타입은 요소에 대해서 미리 정의된 비교 연산을 적용한다.

NOTE_ 프로즌 셋frozen set은 셋과 달리 불변 객체이며, 셋에서 사용할 수 있는 일부 메서드를 사용할 수 없다. 곧, 프로즌 셋의 요소를 변경하는 메서드를 사용할 수 없다. frozenset()으로 생성한다.

```
>>> dir(set())
['__and__', '__class__', '__contains__', '__delattr__', '__dir__', '__
doc__', '__eq__', '__format__', '__ge__', '__getattribute__', '__gt__',
'__hash__', '__iand__', '__init__', '__init_subclass__', '__ior__', '__
isub__', '__iter__', '__ixor__', '__le__', '__len__', '__lt__', '__ne__',
'__new__', '__or__', '__rand__', '__reduce__', '__reduce_ex__', '__
repr__', '__ror__', '__rsub__', '__rxor__', '__setattr__', '__sizeof__',
'__str__', '__sub__', '__subclasshook__', '__xor__', 'add', 'clear',
'copy', 'difference', 'difference_update', 'discard', 'intersection',
'intersection_update', 'isdisjoint', 'issubset', 'issuperset', 'pop',
'remove', 'symmetric_difference', 'symmetric_difference_update', 'union',
'update']
>>> dir(frozenset())
['__and__', '__class__', '__contains__', '__delattr__', '__dir__', '__
doc__', '__eq__', '__format__', '__ge__', '__getattribute__', '__
gt__', '__hash__', '__init__', '__init_subclass__', '__iter__', '__
le__', '__len__', '__lt__', '__ne__', '__new__', '__or__', '__rand__',
'__reduce__', '__reduce_ex__', '__repr__', '__ror__', '__rsub__',
'__rxor__', '__setattr__', '__sizeof__', '__str__', '__sub__', '__
subclasshook__', '__xor__', 'copy', 'difference', 'intersection',
'isdisjoint', 'issubset', 'issuperset', 'symmetric_difference', 'union']
>>>
>>> fs = frozenset((0, 1, 2, 3, 4))
>>> 2 in fs
True
>>> len(fs)
5
```

3.1.1 셋 메서드

add()

A.add(x)는 셋 A에 x가 없는 경우 x를 추가한다.

```
>>> people = {"버피", "에인절", "자일스"}
>>> people.add("윌로")
>>> people
{'윌로', '자일스', '버피', '에인절'}
```

update()와 |= 연산자

A.update(B) 혹은 A |= B는 A를 B에 추가한다(합집합).

```
>>> people = {"버피", "에인절", "자일스"}
>>> people.update({"로미오", "줄리엣", "에인절"})
>>> people
{'로미오', '줄리엣', '자일스', '버피', '에인절'}
>>> people |= {"리키", "유진"}
>>> people
{'로미오', '줄리엣', '유진', '자일스', '버피', '에인절', '리키'}
```

union()과 | 연산자

A.union(B)와 A | B는 앞에서 본 update() 메서드와 같지만, 연산 결과를 복사본으로 반환한다.

```
>>> people = {"버피", "에인절", "자일스"}
>>> people.union({"로미오", "줄리엣"})
{'로미오', '줄리엣', '자일스', '버피', '에인절'}
>>> people
{'버피', '에인절', '자일스'}
>>> people | {"브라이언"}
{'버피', '에인절', '자일스', '브라이언'}
```

intersection()과 & 연산자

A.intersection(B)와 A & B는 A와 B의 교집합의 복사본을 반환한다.

```
>>> people = {"버피", "에인절", "자일스", "이안"}
>>> vampires = {"에인절", "자일스", "윌로"}
>>> people.intersection(vampires)
{'자일스', '에인절'}
>>> people & vampires
{'자일스', '에인절'}
```

difference()와 - 연산자

A.difference(B)와 A - B는 A와 B의 차집합의 복사본을 반환한다.

```
>>> people = {"버피", "에인절", "자일스", "아영"}
>>> vampires = {"스파이크", "에인절", "상민"}
>>> people.difference(vampires)
{'버피', '자일스', '아영'}
>>> people - vampires
{'버피', '자일스', '아영'}
```

clear()

A.clear()는 A의 모든 항목을 제거한다.

```
>>> people = {"버피", "자일스", "에인절"}
>>> people.clear()
>>> people
set()
```

discard(), remove(), pop()

A.discard(x)는 A의 항목 x를 제거하며 반환값은 없다. A.remove()는 A.discard()와 같지만, 항목 x가 없을 경우 KeyError 예외를 발생시킨다.

`A.pop()`는 A에서 한 항목을 무작위로 제거하고 그 항목을 반환한다. 셋이 비어 있으면 `KeyError` 예외를 발생시킨다.

```
>>> countries = {"프랑스", "스페인", "영국"}
>>> countries.discard("한국")
>>> countries.remove("일본")
Traceback (most recent call last):
  File "<stdin>", line 1, in <module>
KeyError: '일본'
>>> countries.pop() # 무작위
'프랑스'
>>> countries.discard("스페인")
>>> countries.remove("영국")
>>> countries.pop()
Traceback (most recent call last):
  File "<stdin>", line 1, in <module>
KeyError: 'pop from an empty set'
```

3.1.2 셋과 리스트

리스트 타입은 셋 타입으로 변환^{casting}할 수 있다. 다음 예제를 살펴보자.

3장_컬렉션_데이터_구조/1_set_operations_with_lists.py

```python
def remove_dup(l1):
    ''' 리스트의 중복된 항목을 제거한 후 반환한다. '''
    return list(set(l1))

def intersection(l1, l2):
    ''' 교집합 결과를 반환한다. '''
    return list(set(l1) & set(l2))

def union(l1, l2):
    ''' 합집합 결과를 반환한다. '''
    return list(set(l1) | set(l2))

def test_sets_operations_with_lists():
    l1 = [1, 2, 3, 4, 5, 5, 9, 11, 11, 15]
```

```
l2 = [4, 5, 6, 7, 8]
l3 = []
assert(remove_dup(l1) == [1, 2, 3, 4, 5, 9, 11, 15])
assert(intersection(l1, l2) == [4,5])
assert(union(l1, l2) == [1, 2, 3, 4, 5, 6, 7, 8, 9, 11, 15])
assert(remove_dup(l3) == [])
assert(intersection(l3, l2) == l3)
assert(sorted(union(l3, l2)) == sorted(l2))
print("테스트 통과!")

if __name__ == '__main__':
    test_sets_operations_with_lists()
```

딕셔너리에서도 셋 속성을 사용할 수 있다.[2] 딕셔너리는 바로 다음 절에서 자세히 살펴본다.

3장_컬렉션_데이터_구조/2_set_operations_with_dicts.py

```
def set_operations_with_dict():
    pairs = [("a", 1), ("b", 2), ("c", 3)]
    d1 = dict(pairs)
    print("딕셔너리1\t: {0}".format(d1))

    d2 = {"a": 1, "c": 2, "d": 3, "e": 4}
    print("딕셔너리2\t: {0}".format(d2))

    intersection = d1.keys() & d2.keys()
    print("d1 ∩ d2 (키)\t: {0}".format(intersection))

    intersection_items = d1.items() & d2.items()
    print("d1 ∩ d2 (키,값)\t: {0}".format(intersection_items))

    subtraction1 = d1.keys() - d2.keys()
    print("d1 - d2 (키)\t: {0}".format(subtraction1))

    subtraction2 = d2.keys() - d1.keys()
    print("d2 - d1 (키)\t: {0}".format(subtraction2))

    subtraction_items = d1.items() - d2.items()
```

---

2 딕셔너리의 items()와 keys() 메서드에서 셋 연산을 사용할 수 있지만, values() 메서드에서는 셋 연산을 지원하지 않는다.

```
    print("d1 - d2 (키,값)\t: {0}".format(subtraction_items))

    """ 딕셔너리의 특정 키를 제외한다. """
    d3 = {key: d2[key] for key in d2.keys() - {"c", "d"}}
    print("d2 - {{c, d}}\t: {0}".format(d3))

if __name__ == "__main__":
    set_operations_with_dict()
```

```
딕셔너리1        : {'a': 1, 'b': 2, 'c': 3}
딕셔너리2        : {'a': 1, 'c': 2, 'd': 3, 'e': 4}
d1 ∩ d2 (키)    : {'a', 'c'}
d1 ∩ d2 (키,값) : {('a', 1)}
d1 - d2 (키)    : {'b'}
d2 - d1 (키)    : {'e', 'd'}
d1 - d2 (키,값) : {('c', 3), ('b', 2)}
d2 - {c, d}    : {'e': 4, 'a': 1}
```

3.2 딕셔너리

파이썬 **딕셔너리**dictionary는 해시 테이블hash table3로 구현되어 있다. 해시 함수는 특정 객체에 해당하는 임의의 정수 값을 상수 시간 내에 계산한다. 이 정수는 연관 배열의 인덱스로 사용된다.

```
>>> hash(42)
42
>>> hash("hello")
1582935970
```

컬렉션 **매핑 타입**mapping type인 딕셔너리는 반복 가능하다. 그리고 멤버십 연산자 in

---

3   해시 테이블은 키와 값이 연관되어 있고, 키를 통해 연관된 값을 얻는 연관 배열(associative array)을 구현하는 데 사용되는 자료구조다.

과 길이를 구하는 len() 함수도 지원한다. 매핑은 키-값 항목의 컬렉션이고, 각 항목에 대한 메서드를 제공한다. 딕셔너리를 순회할 때, 정렬되지 않은 매핑 타입은 임의의 순서대로 항목을 순회한다.

딕셔너리의 항목은 고유하므로, 항목에 접근하는 시간복잡도는 O(1)이다. 딕셔너리는 변경 가능하므로 항목의 추가 및 제거가 가능하다. 또한 딕셔너리는 항목의 삽입 순서를 기억하지 않으며, 인덱스 위치를 사용할 수 없다(따라서 슬라이스를 사용할 수 없다).[4]

```
>>> tarantino = {}
>>> tarantino['name'] = '쿠엔틴 타란티노'
>>> tarantino['job'] = '감독'
>>> tarantino
{'name': '쿠엔틴 타란티노', 'job': '감독'}
>>>
>>> sunnydale = dict({"name":"버피", "age":16, "hobby":"게임"})
>>> sunnydale
{'name': '버피', 'age': 16, 'hobby': '게임'}
>>>
>>> sunnydale = dict(name="자일스", age=45, hobby="영화감상")
>>> sunnydale
{'name': '자일스', 'age': 45, 'hobby': '영화감상'}
>>>
>>> sunnydale = dict([("name", "윌로"), ("age",15), ("hobby", "개발")])
>>> sunnydale
{'name': '윌로', 'age': 15, 'hobby': '개발'}
```

3.2.1 딕셔너리 메서드

setdefault()

setdefault() 메서드는 딕셔너리에서 키의 존재 여부를 모른 채 접근할 때 사용된다(딕셔너리에 존재하지 않는 키에 접근하면 예외가 발생한다).

---

4 역자주_ 단, 파이썬 3.7부터는 표준 딕셔너리도 항목의 삽입 순서를 보존한다. 다음 글이 도움이 될 것이다.
 https://stackoverflow.com/questions/39980323

A.setdefault(key, default)를 사용하면 딕셔너리 A에 key가 존재할 경우 키에 해당하는 값을 얻을 수 있고, key가 존재하지 않는다면, 새 키와 기본값 default가 딕셔너리에 저장된다.

3장_컬렉션_데이터_구조/3_setdefault_example.py

```python
def usual_dict(dict_data):
    """ dict[key] 사용 """
    newdata = {}
    for k, v in dict_data:
        if k in newdata:
            newdata[k].append(v)
        else:
            newdata[k] = [v]
    return newdata

def setdefault_dict(dict_data):
    """ setdefault() 메서드 사용 """
    newdata = {}
    for k, v in dict_data:
        newdata.setdefault(k, []).append(v)
    return newdata

def test_setdef():
    dict_data = (("key1", "value1"),
                 ("key1", "value2"),
                 ("key2", "value3"),
                 ("key2", "value4"),
                 ("key2", "value5"),)
    print(usual_dict(dict_data))
    print(setdefault_dict(dict_data))

if __name__ == '__main__':
    test_setdef()
```

```
{'key1': ['value1', 'value2'], 'key2': ['value3', 'value4', 'value5']}
{'key1': ['value1', 'value2'], 'key2': ['value3', 'value4', 'value5']}
```

A.update(B)는 딕셔너리 A에 딕셔너리 B의 키가 존재한다면, 기존 A의 (키, 값)을 B의 (키, 값)으로 갱신한다. B의 키가 A에 존재하지 않는다면, B의 (키, 값)을 A에 추가한다.

```
>>> d = {'a': 1, 'b': 2}
>>> d.update({'b': 10})
>>> d
{'a': 1, 'b': 10}
>>> d.update({'c': 100})
>>> d
{'a': 1, 'b': 10, 'c': 100}
```

get()

A.get(key)는 딕셔너리 A의 key 값을 반환한다. key가 존재하지 않으면 아무것도 반환하지 않는다.

```
>>> sunnydale = dict(name='잰더', age=17, hobby='게임')
>>> sunnydale.get("hobby")
'게임'
>>> sunnydale['hobby']
'게임'
>>> sunnydale.get("hello")
>>> sunnydale['hello']
Traceback (most recent call last):
  File "<stdin>", line 1, in <module>
KeyError: 'hello'
```

items(), values(), keys()

items(), keys(), values() 메서드는 딕셔너리 뷰view다. 딕셔너리 뷰란 딕셔너리의 항목(키 또는 값)을 조회하는 읽기 전용의 반복 가능한 객체다.

```
>>> sunnydale = dict(name="잰더", age=17, hobby="게임")
>>> sunnydale.items()
```

```
dict_items([('name', '잰더'), ('age', 17), ('hobby', '게임')])
>>> sunnydale.values()
dict_values(['잰더', 17, '게임'])
>>> sunnydale.keys()
dict_keys(['name', 'age', 'hobby'])
>>> sunnydale_copy = sunnydale.items()
>>> sunnydale_copy['address'] = "서울"
Traceback (most recent call last):
  File "<stdin>", line 1, in <module>
TypeError: 'dict_items' object does not support item assignment
>>>
>>> sunnydale['address'] = "서울"
>>> sunnydale
{'name': '잰더', 'age': 17, 'hobby': '게임', 'address': '서울'}
```

pop(), popitem()

A.pop(key)는 딕셔너리 A의 key 항목을 제거한 후, 그 값을 반환한다.
A.popitem()은 딕셔너리 A에서 항목(키와 값)을 제거한 후, 그 키와 항목을 반환한다.

```
>>> sunnydale = dict(name="잰더", age=17, hobby="게임", address="서울")
>>> sunnydale.pop("age")
17
>>> sunnydale
{'name': '잰더', 'hobby': '게임', 'address': '서울'}
>>> sunnydale.popitem()
('address', '서울')
>>> sunnydale
{'name': '잰더', 'hobby': '게임'}
```

clear()

딕셔너리의 모든 항목을 제거한다.

```
>>> sunnydale.clear()
>>> sunnydale
{}
```

3.2.2 딕셔너리 성능 측정

딕셔너리를 벤치마킹 테스트하여 성능을 측정해보자. 다음 코드는 리스트와 딕셔너리의 멤버십 연산을 테스트한다. 멤버십 연산에 대한 시간복잡도는 리스트는 $O(n)$인 반면, 딕셔너리는 $O(1)$이다.

3장_컬렉션_데이터_구조/4_runtime_dicts_with_timeit_module.py

```python
import timeit
import random

for i in range(10000, 1000001, 20000):
    t = timeit.Timer("random.randrange(%d) in x" % i,
                     "from __main__ import random, x")
    x = list(range(i))    # 리스트
    lst_time = t.timeit(number=1000)
    x = {j: None for j in range(i)}    # 딕셔너리
    d_time = t.timeit(number=1000)
    print("%d,%10.3f,%10.3f" % (i, lst_time, d_time))
```

```
10000,     0.053,     0.001
30000,     0.160,     0.001
50000,     0.253,     0.001
70000,     0.397,     0.001
90000,     0.458,     0.001
110000,    0.561,     0.001
130000,    0.674,     0.001
150000,    0.827,     0.001
170000,    0.869,     0.001
190000,    1.140,     0.001
210000,    1.071,     0.001
230000,    1.201,     0.001
250000,    1.301,     0.001
270000,    1.399,     0.001
290000,    1.467,     0.001
310000,    1.582,     0.001
... 생략 ...
```

딕셔너리 메서드의 시간복잡도는 다음과 같다.

연산	시간복잡도
복사	O(n)
항목 조회	O(1)
항목 할당	O(1)
항목 삭제	O(1)
멤버십 테스트 in	O(1)
반복	O(n)

3.2.3 딕셔너리 순회

반복문에서 딕셔너리를 순회할 때는 기본적으로 키를 사용한다. 딕셔너리의 키는 임의의 순서[5]대로 나타나지만, sorted() 함수를 사용하면 정렬된 상태로 순회할 수 있다. sorted() 함수는 딕셔너리의 keys(), values(), items()에 대해 사용할 수 있다.

```
>>> d = dict(c="!", b="world", a="hello")
>>> for key in sorted(d.keys()):
...     print(key, d[key])
...
a hello
b world
c !
```

3.2.4 딕셔너리 분기

다음 두 함수를 조건에 따라 실행해야 한다고 가정해보자.

---

5 역자주_ 3.7부터는 삽입 순서

```
def hello():
    print("hello")

def world():
    print("world")
```

이럴 때 우리는 보통 if문을 사용하여 다음과 같이 분기문을 작성한다.

```
action = "h"

if action == "h":
    hello()
elif action == "w":
    world()
```

하지만 딕셔너리를 사용하면 다음과 같이 더 효율적으로 분기할 수 있다.

```
functions = dict(h=hello, w=world)
functions[action]()
```

3.3 파이썬 컬렉션 데이터 타입

파이썬의 collections 모듈은 다양한 딕셔너리 타입을 제공한다. 범용의 내장 기능보다 더 강력한 성능을 보인다.

3.3.1 기본 딕셔너리

기본 딕셔너리default dictionary는 collections.defaultdict 모듈에서 제공하는 추가 딕셔너리 타입이다. defaultdict는 내장 딕셔너리의 모든 연산자와 메서드를 사용할 수 있고, 추가로 다음 코드와 같이 누락된 키도 처리할 수 있다.

```python
from collections import defaultdict

def defaultdict_example():
    pairs = {("a", 1), ("b", 2), ("c", 3)}

    # 일반 딕셔너리
    d1 = {}
    for key, value in pairs:
        if key not in d1:
            d1[key] = []
        d1[key].append(value)
    print(d1)

    # defaultdict
    d2 = defaultdict(list)
    for key, value in pairs:
        d2[key].append(value)
    print(d2)

if __name__ == "__main__":
    defaultdict_example()
```

```
{'a': [1], 'b': [2], 'c': [3]}
defaultdict(<class 'list'>, {'a': [1], 'b': [2], 'c': [3]})
```

3.3.2 정렬된 딕셔너리

정렬된 딕셔너리ordered dictionary는 collections.OrderedDict 모듈에서 제공하는 정렬된 딕셔너리 타입이다. OrderedDict 역시 내장 딕셔너리의 모든 메서드와 속성을 가지고 있고, 추가로 삽입 순서대로 항목을 저장한다.[6]

---

6 역자주_ 거듭 언급하지만 파이썬 3.7부터는 표준 딕셔너리도 항목의 삽입 순서를 보존한다.

```
from collections import OrderedDict
>>> tasks = OrderedDict()
>>> tasks[8031] = "백업"
>>> tasks[4027] = "이메일 스캔"
>>> tasks[5733] = "시스템 빌드"
>>> tasks
OrderedDict([(8031, '백업'), (4027, '이메일 스캔'), (5733, '시스템 빌드')])
```

다음은 표준 딕셔너리와 OrderedDict 결과를 출력하는 예제다(사용하는 파이썬
버전에 따라 출력 결과가 다를 수 있다).

3장_컬렉션_데이터_구조/6_orderedDict_example.py

```
from collections import OrderedDict

def orderedDict_example():
    pairs = [("c", 1), ("b", 2), ("a", 3)]

    # 일반 딕셔너리
    d1 = {}
    for key, value in pairs:
        if key not in d1:
            d1[key] = []
        d1[key].append(value)
    for key in d1:
        print(key, d1[key])

    # OrderedDict
    d2 = OrderedDict(pairs)
    for key in d2:
        print(key, d2[key])

if __name__ == '__main__':
    orderedDict_example()
```

```
a [1]
b [2]
```

```
c [3]
a 1
b 2
c 3
```

키 값을 변경해도 순서는 변경되지 않는다. 항목을 맨 끝으로 저장하려면, 해당 항목을 삭제한 후 다시 삽입해야 한다. 혹은 popitem() 메서드를 호출하여 딕셔너리의 마지막 키-값 항목을 제거한 후 반환할 수도 있다.

일반적으로, 정렬된 딕셔너리를 사용하는 것은 딕셔너리를 여러 번 순회할 것으로 예상되는 경우와 항목의 삽입을 거의 수행하지 않을 것으로 예상되는 경우에만 효율적이다.

3.3.3 카운터 딕셔너리

카운터counter 타입은 해시 가능한hashable 객체를 카운팅하는 특화된 서브클래스다. collections.Counter 모듈에서 제공한다.

3장_컬렉션_데이터_구조/7_counterDict_example.py

```python
from collections import Counter

def counter_example():
    """ 항목의 발생 횟수를 매핑하는 딕셔너리를 생성한다. """
    seq1 = [1, 2, 3, 5, 1, 2, 5, 5, 2, 5, 1, 4]
    seq_counts = Counter(seq1)
    print(seq_counts)

    """ 항목의 발생 횟수를 수동으로 갱신하거나, update() 메서드를 사용할 수
있다. """
    seq2 = [1, 2, 3]
    seq_counts.update(seq2)
    print(seq_counts)

    seq3 = [1, 4, 3]
    for key in seq3:
```

```
        seq_counts[key] += 1
    print(seq_counts)

    """ a+b, a-b 같은 셋 연산을 사용할 수 있다. """
    seq_counts_2 = Counter(seq3)
    print(seq_counts_2)
    print(seq_counts + seq_counts_2)
    print(seq_counts - seq_counts_2)

if __name__ == "__main__":
    counter_example()
```

```
Counter({5: 4, 1: 3, 2: 3, 3: 1, 4: 1})
Counter({1: 4, 2: 4, 5: 4, 3: 2, 4: 1})
Counter({1: 5, 2: 4, 5: 4, 3: 3, 4: 2})
Counter({1: 1, 4: 1, 3: 1})
Counter({1: 6, 2: 4, 3: 4, 5: 4, 4: 3})
Counter({1: 4, 2: 4, 5: 4, 3: 2, 4: 1})
```

3.4 연습문제

3.4.1 단어 횟수 세기

collections.Counters의 most_common() 메서드를 사용하면 문자열에서 가장 많이 나오는 단어와 그 횟수를 쉽게 찾을 수 있다.

3장_컬렉션_데이터_구조/8_find_top_N_recurring_words.py

```
from collections import Counter

def find_top_N_recurring_words(seq, N):
    dcounter = Counter()
    for word in seq.split():
        dcounter[word] += 1
    return dcounter.most_common(N)
```

```python
def test_find_top_N_recurring_words():
    seq = "버피 에인절 몬스터 잰더 윌로 버피 몬스터 슈퍼 버피 에인절"
    N = 3
    assert(find_top_N_recurring_words(seq, N) ==
            [("버피", 3), ("에인절", 2), ("몬스터", 2)])
    print("테스트 통과!")

if __name__ == "__main__":
    test_find_top_N_recurring_words()
```

테스트 통과!

3.4.2 애너그램

애너그램anagram은 문장 또는 단어의 철자 순서를 바꾸는 놀이를 말한다. 두 문자열이 서로 애너그램인지 확인하고 싶다고 하자. 셋은 항목의 발생 횟수를 계산하지 않고, 리스트의 항목을 정렬하는 시간복잡도는 최소 O(n log n)이다. 따라서 애너그램을 확인하는 데 딕셔너리를 사용하는 것이 가장 좋은 해결책이 될 수 있다.

다음 코드는 두 문자열이 애너그램인지 확인한다. 먼저 첫 번째 문자열의 문자 발생 횟수를 더해서 딕셔너리에 저장한다. 두 번째 문자열의 문자 발생 횟수를 빼어 딕셔너리에 저장한다. 마지막으로 딕셔너리의 모든 항목 값이 0이면, 두 문자열은 애너그램이다.

3장_컬렉션_데이터_구조/9_is_anagram.py

```python
from collections import Counter

def is_anagram(s1, s2):
    counter = Counter()
    for c in s1:
        counter[c] += 1
    for c in s2:
        counter[c] -= 1
```

```
        for i in counter.values():
            if i:
                return False
        return True

    def test_is_anagram():
        s1 = "marina"
        s2 = "aniram"
        assert(is_anagram(s1, s2) is True)
        s1 = "google"
        s2 = "gouglo"
        assert(is_anagram(s1, s2) is False)
        print("테스트 통과!")

    if __name__ == "__main__":
        test_is_anagram()
```

테스트 통과!

두 문자열이 애너그램인지 확인하는 또 다른 방법은 해시 함수의 속성을 이용하는 것이다. ord() 함수는 인수가 유니코드 객체일 때, 문자의 유니코드를 나타내는 정수를 반환한다. 인수가 8비트 문자열인 경우 바이트 값을 반환한다. 문자열에서 모든 문자의 ord() 함수 결과를 더했을 때 그 결과가 같으면, 두 문자열은 애너그램이다.

3장_컬렉션_데이터_구조/10_is_anagram_using_ord.py

```
    import string

    def hash_func(astring):
        s = 0
        for one in astring:
            if one in string.whitespace:
                continue
            s = s + ord(one)
        return s
```

```python
def find_anagram_hash_function(word1, word2):
    return hash_func(word1) == hash_func(word2)

def test_find_anagram_hash_function():
    word1 = "buffy"
    word2 = "bffyu"
    word3 = "bffya"
    assert(find_anagram_hash_function(word1, word2) is True)
    assert(find_anagram_hash_function(word1, word3) is False)
    print("테스트 통과!")

if __name__ == "__main__":
    test_find_anagram_hash_function()
```

3.4.3 주사위 합계 경로

주사위를 두 번 던져서 합계가 특정 수가 나오는 경우의 수와 경로를 구해보자. 예를 들어 5가 나올 수 있는 모든 경로는 [1, 4], [2, 3], [3, 2], [4, 1]이다. 다음 코드에서는 두 개의 딕셔너리를 사용하여 주사위의 합계 경로를 구한다.

3장_컬렉션_데이터_구조/11_find_dice_probabilities.py

```python
from collections import Counter, defaultdict

def find_dice_probabilities(S, n_faces=6):
    if S > 2 * n_faces or S < 2:
        return None

    cdict = Counter()
    ddict = defaultdict(list)

    # 두 주사위의 합을 모두 더해서 딕셔너리에 넣는다.
    for dice1 in range(1, n_faces+1):
        for dice2 in range(1, n_faces+1):
            t = [dice1, dice2]
            cdict[dice1+dice2] += 1
            ddict[dice1+dice2].append(t)

    return [cdict[S], ddict[S]]
```

```
def test_find_dice_probabilities():
    n_faces = 6
    S = 5
    results = find_dice_probabilities(S, n_faces)
    print(results)
    assert(results[0] == len(results[1]))
    print("테스트 통과!")

if __name__ == "__main__":
    test_find_dice_probabilities()
```

```
[4, [[1, 4], [2, 3], [3, 2], [4, 1]]]
테스트 통과!
```

3.4.4 단어의 중복 문자 제거

다음은 딕셔너리를 사용하여 단어에서 중복되는 문자를 모두 찾아서 제거하는 코드다.

3장_컬렉션_데이터_구조/12_delete_duplicate_char_str.py

```
import string

def delete_unique_word(str1):
    table_c = {key: 0 for key in string.ascii_lowercase}
    for i in str1:
        table_c[i] += 1
    for key, value in table_c.items():
        if value > 1:
            str1 = str1.replace(key, "")
    return str1

def test_delete_unique_word():
    str1 = "google"
    assert(delete_unique_word(str1) == "le")
    print("테스트 통과!")
```

```python
if __name__ == "__main__":
    test_delete_unique_word()
```

테스트 통과!

구조와 모듈

4.1 모듈

파이썬에서 **모듈**[module]은 def를 사용하여 정의한다. def가 실행되면, 함수의 객체와 참조가 같이 생성된다. 반환값을 정의하지 않으면, 파이썬은 자동으로 **None**을 반환한다. C 언어와 마찬가지로, 아무런 값을 반환하지 않는 함수는 프로시저[procedure]라고 부른다.

4.1.1 스택과 활성화 레코드

함수가 호출될 때마다 **활성화 레코드**[activation record]가 생성된다. 활성화 레코드에는 함수의 정보(반환값, 매개변수, 지역 변수, 반환값, 반환 주소 등)가 기록되며, 이를 **스택**[stack]1에 저장한다. 활성화 레코드는 다음과 같은 순서로 처리된다.

1) 함수의 실제 매개변수를 스택에 저장[push]한다.
2) 반환 주소를 스택에 저장한다.
3) 스택의 최상위 인덱스를 함수의 지역 변수에 필요한 총량만큼 늘린다.
4) 함수로 건너뛴다[jump].

활성화 레코드를 풀어내는[unwinding] 절차는 다음과 같다.

1) 스택의 최상위 인덱스는 함수에 소비된 총 메모리양(지역 변수)만큼 감소한다.
2) 반환 주소를 스택에서 **빼낸다**[pop].
3) 스택의 최상위 인덱스는 함수의 실제 매개변수만큼 감소한다.

4.1.2 모듈의 기본값

모듈을 생성할 때, 함수 또는 메서드에서 가변 객체를 기본값으로 사용해선 안 된다. 나쁜 예와 좋은 예를 살펴보자. 먼저 나쁜 예다.

---

1 **역자주_** 여기서는 콜 스택, 실행 스택, 제어 스택, 런타임 스택, 기계 스택 등의 맥락에 해당하는 스택을 말한다. 주로 현재 실행 중인 서브루틴을 실행한 다음 어디로 돌아가야 할지 등을 저장하는 데 쓰인다. *https://ko.wikipedia.org/wiki/*콜_스택 참조.

```
>>> def append(number, number_list=[]):
...     number_list.append(number)
...     return number_list
...
>>> append(5)
[5] # 예상 결과 [5]
>>> append(7)
[5, 7] # 예상 결과 [7]
>>> append(2)
[5, 7, 2] # 예상 결과 [2]
```

좋은 예는 다음과 같다.

```
>>> def append(number, number_list=None):
...     if number_list is None:
...         number_list = []
...     number_list.append(number)
...     return number_list
...
>>> append(5)
[5]
>>> append(7)
[7]
>>> append(2)
[2]
```

4.1.3 __init__.py 파일

패키지package는 모듈과 __init__.py 파일이 있는 디렉터리다. 파이썬은
__init__.py 파일이 있는 디렉터리를 패키지로 취급한다. 모듈 검색 경로 중
string과 같이 흔한 이름의 디렉터리에 유효한 모듈이 들어 있는 경우 이러한 모
듈이 검색되지 않는 문제를 방지하기 위해서다.

```
import 폴더이름.파일모듈명
```

__init__.py 파일은 빈 파일일 수도 있지만, 패키지의 초기화 코드를 실행하거나, __all__ 변수를 정의할 수도 있다.

```
__all__ = ["파일1", ...]
```

실제 파일 이름은 확장자가 .py겠지만, 여기서 작성할 때는 .py를 붙이지 않는다. 다음 명령문을 살펴보자.

```
from 폴더이름 import *
```

위 코드는 이름이 __로 시작하는 모듈을 제외한 모듈의 모든 객체를 불러온다. __all__ 변수가 있는 경우, 해당 리스트의 객체를 불러온다.

터미널에서 특정 모듈이 있는지 간단하게 확인하려면, python -c import 모듈 명령을 사용하면 된다.

```
$ python -c "import astin"
Traceback (most recent call last):
  File "<string>", line 1, in <module>
ModuleNotFoundError: No module named 'astin'
```

4.1.4 __name__ 변수

파이썬은 모듈을 임포트^{import}할 때마다 __name__이라는 변수를 만들고, 모듈 이름을 저장한다. 이해를 돕기 위해 다음과 같이 먼저 hello.py 파일을 저장한 후, 그 위치에서 대화식 인터프리터를 실행하여 hello 모듈을 임포트해보자.

4장_구조와_모듈/hello.py

```
hello = "hello"

def world():
```

```
        return "world"

if __name__ == "__main__":
    print("{0} 직접 실행됨".format(__name__))
else:
    print("{0} 임포트됨".format(__name__))
```

```
$ python
>>> import hello
hello 임포트됨.
>>> hello.hello
'hello'
>>> hello.world()
'world'
>>> __name__
'__main__'
```

대화식 인터프리터 또는 .py 파일을 직접 실행하면 파이썬은 __name__을
__main__으로 설정하므로, 위 코드 조건문에서 참에 해당하는 코드를 실행한다.
이번에는 hello.py를 직접 실행해보자. 차이를 알 수 있을 것이다.

```
$ python hello.py
__main__ 직접 실행됨.
```

4.1.5 컴파일된 바이트코드 모듈

컴파일러가 사용하는 **바이트 컴파일 코드**byte-compiled code는 표준 모듈을 많이 사용하
는 프로그램의 시작 시간(로딩 시간)을 줄이기 위한 것이다.

-O 플래그flag를 사용하여 파이썬 인터프리터를 호출하면, 최적화된 코드가 생성
되어 .pyo 파일에 저장된다(최적화 과정에서 assert문은 제거된다. 파이썬 3.5

부터는 .pyo 대신 .pyc를 사용한다.[2] 이렇게 만든 파일은 리버스 엔지니어링이 까다로우므로 라이브러리로 배포하는 데에도 사용할 수 있다.

파이썬 플래그에 대한 정보를 확인하고 싶다면, 다음과 같이 --help를 붙여 파이썬을 실행해보자.

```
$ python --help
usage: python [option] ... [-c cmd | -m mod | file | -] [arg] ...
Options and arguments (and corresponding environment variables):
-b     : issue warnings about str(bytes_instance), str(bytearray_instance)
         and comparing bytes/bytearray with str. (-bb: issue errors)
-B     : don't write .pyc files on import; also PYTHONDONTWRITEBYTECODE=x
-c cmd : program passed in as string (terminates option list)
... 생략 ...
-m mod : run library module as a script (terminates option list)
-O     : optimize generated bytecode slightly; also PYTHONOPTIMIZE=x
-OO : remove doc-strings in addition to the -O optimizations
... 생략 ...
Other environment variables:
PYTHONSTARTUP: file executed on interactive startup (no default)
PYTHONPATH   : ':'-separated list of directories prefixed to the
               default module search path.  The result is sys.path.
PYTHONHOME   : alternate <prefix> directory (or <prefix>:<exec_prefix>).
               The default module search path uses <prefix>/lib/pythonX.X.
... 생략 ...
```

4.1.6 sys 모듈

sys.path는 인터프리터가 모듈을 검색할 경로를 담은 문자열 리스트다. sys.path 변수는 PYTHONPATH 환경변수 또는 내장된 기본값 경로로 초기화된다. 환경변수를 수정하면 모듈 경로를 추가하거나 임시로 모듈 경로를 추가할 수 있다.

---

2 역자주_ 그 외의 파이썬 확장자에 대한 정보는 다음 질문의 답변을 참조. *https://stackoverflow.com/questions/8822335*

```
>>> import sys
>>> sys.path
['', '/Users/astin/.pyenv/versions/3.7.0/lib/python37.zip', '/Users/astin/.
pyenv/versions/3.7.0/lib/python3.7', '/Users/astin/.pyenv/versions/3.7.0/lib/
python3.7/lib-dynload', '/Users/astin/.pyenv/versions/3.7.0/lib/python3.7/
site-packages']
>>> sys.path.append('모듈_디렉터리_경로')
```

sys.ps1과 sys.ps2 변수는 파이썬 대화식 인터프리터의 기본 및 보조 프롬프트[prompt] 문자열을 정의한다(기본값은 각각 >>> 및 ...이다).

이미 앞에서도 사용했지만, sys.argv 변수를 사용하면 명령 줄에 전달된 인수를 프로그램 내에서 사용할 수 있다.

4장_구조와_모듈/1_sys_example.py

```
import sys

def main():
    for arg in sys.argv[1:]:
        print(arg)

if __name__ == "__main__":
    main()
```

```
$ python 1_sys_example.py 로미오 줄리엣
로미오
줄리엣
```

dir() 내장 함수는 모듈이 정의하는 모든 유형의 이름(모듈, 변수, 함수)을 찾는데 사용된다. 이름 기준으로 정렬된 문자열 리스트를 반환한다.

```
>>> import sys
>>> dir(sys)
['__breakpointhook__', '__displayhook__', '__doc__', '__excepthook__', '__
```

```
interactivehook__', '__loader__', '__name__', '__package__', '__spec__', '__
stderr__', '__stdin__', '__stdout__', '_clear_type_cache', '_current_frames',
'_debugmallocstats', '_framework', '_getframe', '_git', '_home', '_xoptions',
'abiflags', 'api_version', 'argv', 'base_exec_prefix', 'base_prefix',
'breakpointhook', 'builtin_module_names', 'byteorder', 'call_tracing',
'callstats', 'copyright', 'displayhook', 'dont_write_bytecode', 'exc_info',
'excepthook', 'exec_prefix', 'executable', 'exit', 'flags', 'float_info',
'float_repr_style', 'get_asyncgen_hooks', 'get_coroutine_origin_tracking_
depth', 'get_coroutine_wrapper', 'getallocatedblocks', 'getcheckinterval',
'getdefaultencoding', 'getdlopenflags', 'getfilesystemencodeerrors',
'getfilesystemencoding', 'getprofile', 'getrecursionlimit', 'getrefcount',
'getsizeof', 'getswitchinterval', 'gettrace', 'hash_info', 'hexversion',
'implementation', 'int_info', 'intern', 'is_finalizing', 'last_traceback',
'last_type', 'last_value', 'maxsize', 'maxunicode', 'meta_path', 'modules',
'path', 'path_hooks', 'path_importer_cache', 'platform', 'prefix', 'ps1',
'ps2', 'set_asyncgen_hooks', 'set_coroutine_origin_tracking_depth', 'set_
coroutine_wrapper', 'setcheckinterval', 'setdlopenflags', 'setprofile',
'setrecursionlimit', 'setswitchinterval', 'settrace', 'stderr', 'stdin',
'stdout', 'thread_info', 'version', 'version_info', 'warnoptions']
```

dir() 함수는 내장 함수 및 변수의 이름까지는 나열하지 않는다. 객체의 모든 메서드나 속성을 찾는 데 유용하다.

4.2 제어문

4.2.1 if문

파이썬 if문은 다른 언어의 switch문 또는 case문을 대체한다. 다음 예제를 살펴보자.

```
>>> x = int(input("숫자를 입력하세요: "))
>>> if x < 0:
...         x = 0
...         print("음수를 입력하여 x를 0으로 변경했습니다.")
>>> elif x == 0:
...         print("0이 입력되었습니다.")
```

```
>>> elif x == 1:
...        print("1이 입력되었습니다.")
>>> else:
...        print("2 이상의 숫자가 입력되었습니다.")
```

4.2.2 for문

파이썬 for문은 C나 파스칼 언어와 다르다. 파스칼처럼 숫자의 산술 진행을 반복하거나, C처럼 사용자가 반복 단계와 조건을 모두 정의할 수 있도록 하는 대신, 파이썬의 for문은 모든 시퀀스 항목(리스트, 문자열 등)을 순서대로 순회한다.

```
>>> for name in names:
...        print(name)
버피
윌로
잰더
자일스
```

4.2.3 참과 거짓

거짓(False)은 사전 정의된 상수 False 또는 숫자 0, 특수 객체 None, 빈 컬렉션 시퀀스(빈 문자열 '', 빈 리스트 [], 빈 튜플 (), 빈 딕셔너리 {})에 의해 정의된다. 여기에 속하지 않은 값은 모두 참(True)이다. 비교 또는 다른 불리언 표현식의 결과를 변수에 할당할 수 있다.

```
>>> string1, string2, string3 = '', '괴물', '외계인'
>>> non_null = string1 or string2 or string3
>>> non_null
'괴물'
```

구글 파이썬 스타일 가이드에서는 암묵적인implicit False 사용에 대해 다음과 같은 기준을 세워뒀다.

- == 또는 != 연산자를 사용하여 내장 변수 None 같은 싱글턴^{singleton}을 비교하지 않는다. 대신 is 또는 is not을 사용한다.
- if x is not None과 if x를 잘 구분해서 사용한다.
- ==를 사용하여 불리언 변수를 False와 비교하지 않는다. 대신 if not x를 사용한다. None과 False를 구별할 필요가 있는 경우, if not x and x is not None과 같은 연결 표현식을 사용한다.
- 시퀀스(문자열, 리스트, 튜플)의 경우, 빈 시퀀스는 False다. if len(시퀀스) 또는 if not len(시퀀스)보다는 if not 시퀀스 또는 if 시퀀스를 사용하는 것이 좋다.
- 정수를 처리할 때 뜻하지 않게 None을 0으로 잘못 처리하는 것처럼, 암묵적 False를 사용하는 것은 위험하다.

좋은 예와 나쁜 예를 살펴보겠다. 먼저 좋은 예다.

```python
if not users:
    print("사용자가 없습니다.")

if foo == 0:
    handle_zero()

if i % 10 == 0:
    handle_multiple_of_ten()
```

다음은 나쁜 예다.

```python
if len(users) == 0:
    print("사용자가 없습니다.")

if foo is not None and not foo:
    handle_zero()

if not i % 10:
    handle_multiple_of_ten()
```

4.2.4 return 대 yield

파이썬에서 **제너레이터**generator는 **이터레이터**iterator를 작성하는 편리한 방법이다. 객체에 __iter__()와 __next__() 메서드를 둘 다 정의하면 이터레이터 프로토콜을 구현한 셈이다. 이때 yield 키워드를 사용하면 편리하다.

호출자가 메서드를 호출할 때, return 키워드는 반환값을 반환하고 메서드를 종료한 후, 호출자에게 제어를 반환한다. 반면 yield 키워드는 각 반환값을 호출자에게 반환하고, 반환값이 모두 소진되었을 때에만 메서드가 종료된다.

이터레이터는 파이썬의 강력한 기능이다. 이터레이터는 이터레이터 프로토콜을 구현하는 컨테이너 객체라고 할 수 있는데, 컨테이너의 다음 값을 반환하는 __next__() 메서드와 이터레이터 자신을 반환하는 __iter__() 메서드를 기반으로 한다.

yield 키워드는 제너레이터 맥락에서 이터레이터를 만드는 아주 강력한 도구다. 제너레이터는 최종값을 반환하지만, 이터레이터는 yield 키워드를 사용하여 코드 실행 중에 값을 반환한다. 즉, __next__() 메서드를 호출할 때마다 어떤 값하나를 추출한 후 해당 yield 표현식의 값을 반환한다. 이렇게 이터레이터는 StopIteration 예외가 발생할 때까지 값을 반환한다.

```
>>> a = [1, 2, 3]
>>> def f(a):
...         while a:
...              yield a.pop()
```

제너레이터는 매우 강력하고 효율적이다. 시퀀스를 반환하거나 반복문을 사용하는 함수를 다룰 때, 제너레이터를 고려할 수 있다. 다음 코드는 이터레이터를 사용하여 피보나치 수열을 구현한다(출력 부분을 빼면 '1.7.4 피보나치 수열'에서 살펴봤던 코드와 같다).

```python
def fib_generator():
    a, b = 0, 1
    while True:
        yield b
        a, b = b, a+b

if __name__ == "__main__":
    fib = fib_generator()
    print(next(fib))
    print(next(fib))
    print(next(fib))
    print(next(fib))
```

```
1
1
2
3
```

4.2.5 break 대 continue

반복문(for 또는 while)에서 break 키워드를 만나면, 바로 반복문을 빠져나간
다. 반복문에서 continue 키워드를 만나면, 반복문의 다음 단계로 전환한다(반
복문의 다음 반복을 계속한다).

반복문에는 else 절을 사용할 수 있는데, 이는 반복문이 종료되었을 때(for문에
서 리스트의 항목을 모두 순회했거나, while문에서 조건이 False가 되었을 때)
실행된다. 다만 break문으로 반복문이 종료되는 경우에는 실행되지 않는다.

```python
>>> for i in range(10):
...     if i == 4:
...         break
...     print(i)
... else:
```

```
...     print("for문 종료!")
...
0
1
2
3
>>> for i in range(10):
...     if i % 2 == 0:
...         continue
...     print(i)
... else:
...     print("for문 종료!")
...
1
3
5
7
9
for문 종료!
```

4.2.6 range()

range() 메서드는 숫자 리스트를 생성한다. 숫자 시퀀스를 순회할 때 유용하다.

```
>>> range(10)
[0, 1, 2, 3, 4, 5, 6, 7, 8, 9, 10]
>>> range(4, 10)
[4, 5, 6, 7, 8, 9]
>>> range(0, 10, 3)
[0, 3, 6, 9]
```

4.2.7 enumerate()

enumerate() 메서드는 반복 가능한 객체의 인덱스 값과 항목 값의 튜플을 반환한다. 예를 들어 파일을 가져와서 특정 단어가 나타나는 위치를 출력하는 나만의

grep[3] 함수를 만들 수 있다. 명령 줄에서 실행 시 단어와 파일을 모두 지정해야
한다.

4장_구조와_모듈/3_grep_word_from_files.py

```python
import sys

def grep_word_from_files():
    word = sys.argv[1]
    for filename in sys.argv[2:]:
        with open(filename) as file:
            for lino, line in enumerate(file, start=1):
                if word in line:
                    print("{0}:{1}:{2:.40}".format(
                        filename, lino, line.rstrip())))

if __name__ == "__main__":
    if len(sys.argv) < 2:
        print("Usage: python {0} [word] [file ...]".format(sys.argv[0]))
        sys.exit()
    else:
        grep_word_from_files()
```

```
$ python 3_grep_word_from_files.py for 3_grep_word_from_files.py
3_grep_word_from_files.py:5:    for filename in sys.argv[2:]:
3_grep_word_from_files.py:7:        for lino, line in enumerate(
3_grep_word_from_files.py:9:            print("{0}:{1}:{2:.4
3_grep_word_from_files.py:14:        print("Usage: python {0} [word]
```

4.2.8 zip()

zip() 메서드는 2개 이상의 시퀀스를 인수로 취하여, 짧은 길이의 시퀀스를 기준
으로 각 항목이 순서대로 1:1 대응하는 새로운 튜플 시퀀스를 만든다.[4]

---

3 역자주_ grep은 유닉스용으로 만들어진 텍스트 검색 기능을 가진 명령어다. *https://ko.wikipedia.org/wiki/Grep*

4 역자주_ 파이썬 3부터는 zip() 등의 결과가 객체로 반환되므로 내용을 확인하려면 예제처럼 list로 형 변환을 해야 한다. 이후
코드 예제도 이 점은 마찬가지다.

```
>>> a = [1, 2, 3, 4, 5]
>>> b = ['a', 'b', 'c', 'd']
>>> zip(a, b)
<zip object at 0xb72d65cc>
>>> list(zip(a,b))
[(1, 'a'), (2, 'b'), (3, 'c'), (4, 'd')]
```

4.2.9 filter()

filter() 메서드는 시퀀스의 항목들 중 함수 조건이 참(True)인 항목만 추출해서 구성된 시퀀스를 반환한다. 다음 코드를 살펴보자.

```
>>> def f(x): return x % 2 != 0 and x % 3 != 0
>>> f(33)
False
>>> f(17)
True
>>> list(filter(f, range(2, 25)))
[5, 7, 11, 13, 17, 19, 23]
```

4.2.10 map()

map(function, list) 메서드는 시퀀스의 모든 항목에 함수를 적용한 결과 리스트를 반환한다.

```
>>> def cube(x): return x*x*x
>>> list(map(cube, range(1, 11)))
[1, 8, 27, 64, 125, 216, 343, 512, 729, 1000]
>>>
>>> seq = range(8)
>>> def square(x): return x*x
>>> list(zip(seq, map(square, seq)))
[(0, 0), (1, 1), (2, 4), (3, 9), (4, 16), (5, 25), (6, 36), (7, 49)]
```

4.2.11 람다 함수

람다[lambda] 함수를 쓰면 코드 내에서 함수를 간결하게[compact] 동적으로 사용할 수 있다. 아래의 예제 코드를 살펴보자.

```
>>> def area(b, h):
...     return 0.5 * b * h
...
>>> area(5,4)
10.0
```

이번에는 람다 함수를 사용해보자. 문법은 간단하다.

```
>>> area = lambda b, h: 0.5 * b * h
>>> area(5, 4)

10.0
```

람다 함수는 **defaultdict**에서 키 생성 시 매우 유용하다(누락된 키에 대한 기본값 설정 시).

```
>>> import collections
>>> minus_one_dict = collections.defaultdict(lambda: -1)
>>> point_zero_dict = collections.defaultdict(lambda: (0, 0))
>>> message_dict = collections.defaultdict(lambda: "No message")
```

4.3 파일 처리

파이썬에서 파일 처리는 매우 쉽고 편하다. 파일을 읽어서 모든 빈 줄을 제거하는 코드를 살펴보자.

```python
import sys

def read_data(filename):
    lines = []
    fh = None
    try:
        fh = open(filename)
        for line in fh:
            if line.strip():
                lines.append(line)
    except (IOError, OSError) as err:
        print(err)
    finally:
        if fh is not None:
            fh.close()
    return lines

def write_data(lines, filename):
    fh = None
    try:
        fh = open(filename, "w")
        for line in lines:
            fh.write(line)
    except (EnvironmentError) as err:
        print(err)
    finally:
        if fh is not None:
            fh.close()

def remove_blank_lines():
    if len(sys.argv) < 2:
        print("Usage: python {0} [file ...]".format(sys.argv[0]))

    for filename in sys.argv[1:]:
        lines = read_data(filename)
        if lines:
            write_data(lines, filename)

if __name__ == "__main__":
    remove_blank_lines()
```

빈 줄 제거 전 내용을 확인해보자. 사용할 파일은 '4.1.4 __name__ 변수'에서 작성한 hello.py다.

```
hello = "hello"

def world():
    return "world"

if __name__ == "__main__":
    print("{0} 직접 실행됨".format(__name__))
else:
    print("{0} 임포트됨".format(__name__))
```

빈 줄을 제거한 결과는 다음과 같다.

```
$ python 4_remove_blank_lines.py hello.py
$ cat hello.py # 윈도우 사용자는 cat 대신 type을 사용한다.
hello = "hello"
def world():
    return "world"
if __name__ == "__main__":
    print("{0} 직접 실행됨".format(__name__))
else:
    print("{0} 임포트됨".format(__name__))
```

다음과 같이 with문을 사용할 수도 있다. 명시적으로 close()로 연 파일을 닫지 않아도 되므로 더 선호되기도 한다.

4장_구조와_모듈/5_remove_blank_lines_with.py

```
import sys

def read_data(filename):
    lines = []
    with open(filename) as fh:
        for line in fh:
            if line.strip():
```

```python
            lines.append(line)
    return lines

def write_data(lines, filename):
    fh = None
    with open(filename, "w") as fh:
        for line in lines:
            fh.write(line)

def remove_blank_lines():
    if len(sys.argv) < 2:
        print("Usage: python {0} [file ...]".format(sys.argv[0]))

    for filename in sys.argv[1:]:
        lines = read_data(filename)
        if lines:
            write_data(lines, filename)

if __name__ == "__main__":
    remove_blank_lines()
```

4.3.1 파일 처리 메서드

open()

open(filename, mode, encoding) 메서드는 파일 객체를 반환한다. 모드
(mode)와 인코딩(encoding) 인수는 옵션이며, 생략하면 텍스트 읽기 모드와 시스
템 기본 형식 인코딩이 적용된다. 모드는 문자열로 지정하며 종류는 다음과 같다.

- r : 읽기read 모드
- w : 쓰기write 모드(동명 파일이 이미 있다면, 그 파일을 지운 후 내용을 새로
  쓴다)
- a : 추가append 모드(동명 파일이 이미 있다면, 그 파일 끝에 내용을 추가한다)
- r+ : 읽기와 쓰기 모드
- t : 텍스트text 모드
- b : 바이너리binary 모드

```
fin = open(filename, encoding="utf8")
fout = open(filename, "w", encoding="utf8")
```

read()

read(size) 메서드는 파일에서 size만큼의 내용을 읽고, 문자열로 반환한다 (파이썬 3에서는 텍스트 모드의 경우 문자열을 반환하고, 바이너리 모드의 경우 바이트 객체를 반환한다[5]). size는 정수로 지정하며 선택적 인수다. 인수가 생략되거나 음수이면, 전체 파일의 내용을 읽고 반환한다. 파일의 끝에 도달하면 read() 메서드는 빈 문자열을 반환한다.

```
>>> f.read()
'전체 파일 내용입니다.\n'
>>> f.read()
' '
```

readline()

파일에서 한 줄을 읽는다. 개행 문자는 문자열의 끝에 남으며, 파일의 마지막 행에서만 생략된다. 이 때문에 반환 값이 모호해지는 문제가 있다.

readlines()

파일의 모든 데이터 행을 포함한 리스트를 반환한다. readlines(size) 메서드에 size를 지정하면, 파일에서 해당 바이트 수만큼 읽고, 한 행을 완성하는 데 필요한 만큼 더 읽어서 반환한다. readlines() 메서드는 메모리에 전체 파일을 불러올 필요 없이 줄 단위로 효율적으로 읽을 수 있으며, 완전한 행을 반환한다.

```
>>> f.readlines()
['파일의 첫 번째 줄입니다.\n', '두 번째 줄입니다.\n']
```

---

5 역자주_ https://stackoverflow.com/questions/9644110 참조.

write()

데이터를 파일에 쓰고, **None**을 반환한다. 바이너리 모드에서는 바이트 또는 바이트 배열 객체를 쓰고, 텍스트 모드에서는 문자열 객체를 쓴다.

```
>>> f.write('테스트\n')
```

tell(), seek()

tell() 메서드는 파일의 현재 위치를 나타내는 정수를 반환한다. 파일의 위치는 시작 부분에서 바이트 단위로 측정된다.

seek(offset, from-what) 메서드는 파일 내 탐색 위치를 변경할 때 사용한다. 파일 위치는 기준이 되는 참조 포인트 **from-what**에 오프셋 **offset**을 더한 값으로 계산된다. **from-what** 인수를 0으로 지정하면 기준이 파일의 처음 위치가 되고, 1은 파일의 현재 위치, 2는 파일의 마지막 위치를 기준으로 삼게 된다.

close()

파일을 닫고, 열린 파일이 차지하는 시스템 자원을 해제한다^{free up}. 파일을 성공적으로 닫으면 **True**를 반환한다.

input()

input() 함수는 사용자의 입력을 받는다. 콘솔에 출력될 문자열을 선택적으로 지정할 수 있다. 사용자가 텍스트를 입력하고 엔터^{enter}(또는 리턴^{return}) 키를 누를 때까지 기다린다.

사용자가 텍스트를 입력하지 않고 엔터 키만 누르면, 빈 문자열을 반환한다. 텍스트를 입력하고 엔터 키를 누르면, 사용자가 입력한 내용이 담긴 문자열(엔터 키 제외)을 반환한다.

```
>>> def get_int(msg):
...         while True:
...             try:
...                 i = int(input(msg))
...                 return i
...             except ValueError as err:
...                 print(err)
...
>>> age = get_int("Enter your age: ")
Enter your age: 21
>>> age
21
```

peek()

peek(n) 메서드는 파일 포인터 위치를 이동하지 않고, n바이트를 반환한다(반환된 바이트 수는 요청한 것보다 적거나 많을 수 있다).

fileno()

파일 서술자descriptor6를 반환한다(파일 서술자를 가진 파일 객체에서만 사용 가능하다).

4.3.2 shutil 모듈

shutil 모듈7은 시스템에서 파일을 조작할 때 유용하다. 다음 코드는 터미널에서 파일 및 확장자를 지정하면 새 확장자의 이름으로 복사본을 만든다.

4장_구조와_모듈/6_change_ext_file.py

```
import os
import sys
import shutil
```

---

6   역자주_ 유닉스 및 관련 운영 체제에서 파이프, 네트워크 소켓, 파일 등에 접근하는 데 사용되는 추상 핸들(abstract handle)이다. https://ko.wikipedia.org/wiki/파일_서술자

7   역자주_ https://docs.python.org/3/library/shutil.html

```
def change_file_ext():
    if len(sys.argv) < 2:
        print("Usage: python {0} filename.old_ext 'new_ext'".format(
            sys.argv[0]))
        sys.exit()

    name = os.path.splitext(sys.argv[1])[0] + "." + sys.argv[2]
    print(name)

    try:
        shutil.copyfile(sys.argv[1], name)
    except OSError as err:
        print(err)

if __name__ == "__main__":
    change_file_ext()
```

```
$ python 6_change_ext_file.py hello.py txt
```

4.3.3 pickle 모듈

pickle 모듈[8]은 파이썬 객체를 가져와서 문자열 표현representation으로 변환한다. 이러한 과정을 **피클링**pickling이라 한다(직렬화serialization라고도 한다). 반대로, 문자열 표현을 객체로 재구성하는 것을 **언피클링**unpickling이라 한다(역직렬화deserialization).

파이썬 3에서 pickle 모듈을 사용하려면, 바이너리 모드로 파일에 접근해야 한다. 다음 코드를 살펴보자.

```
>>> import pickle
>>> x = {}
>>> x["name"] = "아스틴"
>>> x["age"] = 23
>>> with open("name.pkl", "wb") as f: # 피클링
```

---

8 역자주_ https://docs.python.org/3/library/pickle.html

```
...        pickle.dump(x, f)
...
>>> with open("name.pkl", "rb") as f: # 언피클링
...        name = pickle.load(f)
...
>>> name
{'name': '아스틴', 'age': 23}
```

4.3.4 struct 모듈

struct 모듈을 사용하면 파이썬 객체를 이진 표현으로 변환하거나, 이진 표현을 파이썬 객체로 변환할 수 있다. 객체는 특정 길이의 문자열만 처리할 수 있다.

struct 모듈의 함수를 간단하게 살펴보자. struct.pack() 함수는 struct 형식format의 문자열과 값을 취하여 바이트 객체를 반환한다. struct.unpack() 함수는 struct 형식의 문자열과 바이트 또는 바이트 배열 객체를 취하여 값을 반환한다. struct.calcsize() 함수는 struct 형식의 문자열을 취하여, struct 형식이 차지할 바이트 수를 반환한다.

```
>>> import struct
>>> abc = struct.pack('>hhl', 1, 2, 3)
>>> abc
b'\x00\x01\x00\x02\x00\x00\x00\x03'
>>> struct.unpack('>hhl', abc)
(1, 2, 3)
>>> struct.calcsize('>hhl')
8
```

struct 형식 >hhl이 의미하는 바를 살펴보자. >는 빅엔디언big-endian을 의미한다 (반대로 <는 리틀엔디언little-endian이다). h는 C 타입으로 short를 나타내고 l은 long을 나타낸다. struct 형식에 대해 더 자세히 알고 싶다면 파이썬 공식 문서[9] 를 읽어보자.

---

9 역자주_ https://docs.python.org/3/library/struct.html

4.4 오류 처리

파이썬 코드를 컴파일할 때, 발생할 수 있는 두 가지 종류의 오류가 있다. **구문 오류**syntax error(구문 분석parsing 오류)와 **예외**exception(실행 중 발견되는 오류로 무조건적으로 치명적인 것은 아니다)다. 구문 오류가 있으면 컴파일이 아예 안 되지만, 예외는 실행 중에야 발견할 수 있으므로 신중하게 처리해야 한다.

4.4.1 예외 처리

예외가 발생했는데 이를 코드 내에서 처리하지 않았다면, 파이썬은 예외의 오류 메시지와 함께 **트레이스백**(역추적)traceback을 출력한다. 트레이스백은 처리되지 않은 예외가 발생한 지점에서 호출 스택 맨 위까지 수행된 모든 호출 목록을 포함한다. 파이썬에서는 **try-except-finally**문을 사용하여 예측 가능한 예외를 처리할 수 있다. '4.3 파일 처리'의 4_remove_blank_lines.py 코드에서 이미 예외 처리를 사용했다. 예외 처리 문법은 다음과 같은 식이다.

```
try:
    예외 발생이 예측되는 코드
except 예외1 as 예외_변수1:
    예외 처리1
...
except 예외N as 예외_변수N:
    예외 처리N
```

try문의 예외 발생이 예측되는 코드가 예외를 발생시키지 않고 실행되면, **except**문은 건너뛴다. **try**문 블록에서 예외가 발생했다면, 해당 예외의 **except**문으로 즉시 건너뛰어 예외 처리 코드가 실행된다. 즉 **try**문 블록에서 예외가 발생된 코드 다음에 나오는 코드는 실행되지 않는다.

```
>>> while True:
...     try:
...         x = int(input("숫자를 입력하세요: "))
```

```
...         break
...     except ValueError:
...         print("숫자가 아닙니다. 다시 입력해주세요!")
...
숫자를 입력하세요: a
숫자가 아닙니다. 다시 입력해주세요!
숫자를 입력하세요: -
숫자가 아닙니다. 다시 입력해주세요!
숫자를 입력하세요: 12
>>>
```

raise문을 사용하여 다음과 같이 특정 예외를 의도적으로 발생시킬 수 있다.

```
>>> import string
>>> import sys
>>> try:
...     1/0 # ZeroDivisionError 발생
...     f = open('myfile.txt')
...     s = f.readline()
...     i = int(string.strip(s))
... except IOError as err:
...     # errno, strerror = err.args
...     print(err)
... except ValueError:
...     print("데이터를 숫자로 변환할 수 없습니다.")
... except:
...     print("예외 발생: {0}".format(sys.exc_info()[0]))
...     raise
...
예외 발생: <class 'ZeroDivisionError'>
Traceback (most recent call last):
  File "<stdin>", line 2, in <module>
ZeroDivisionError: division by zero
```

다음과 같이 else문도 쓸 수 있다.

```
>>> filename = "hello.py"
>>> try:
```

```
...     f = open(filename, 'r')
... except IOError:
...     print("{0}를(을) 열 수 없습니다.".format(filename))
... else:
...     print("{0}는(은) 총 {1}줄 입니다.".format(filename, len(f.
readlines())))
...     f.close()
...
hello.py는(은) 총 10줄 입니다.
```

4.4.2 예외 처리에 대한 구글 파이썬 스타일 가이드

구글 가이드에 따르면 예외는 다음과 같이 처리한다.

- raise MyError('오류 메시지') 또는 raise MyError와 같이 예외를 발생시킨다. 두 개의 인수 형식을 사용하지 않는다(즉 raise MyError, '오류 메시지'와 같이 두 개의 인수 형식을 사용하지 않는다).
- 내장 예외 클래스를 적절하게 사용한다. 예를 들어 어떤 함수에서 예상 인수 값이 양수이지만 음수를 전달받았다면 ValueError 예외를 발생시키면 된다. 여기서 공개 API의 인수 값을 확인하는 데 assert문은 사용하지 않는다. assert문은 정확한 사용법을 강요하거나 예상치 못한 이벤트가 발생했음을 가리키는 것이 아니라, 내부적으로 정확성을 보장하기 위해 사용하는 것이다. 좋은 예는 다음과 같다.

```
def ConnectToNextPort(self, minimum):
  """사용 가능한 다음 포트에 연결한다. 새 minimum 포트를 반환한다."""
  if minimum <= 1024:
    raise ValueError('1025 이상의 포트를 입력해야 합니다.')
  port = self._FindNextOpenPort(minimum)
  if not port:
    raise ConnectionError('%d 포트에 연결할 수 없습니다.' % (minimum,))
  assert port >= minimum, '예상치 못한 %d 포트를 사용했습니다. 입력한
      minimum 포트는 %d입니다.' % (port, minimum)
  return port
```

다음은 나쁜 예다.

```
def ConnectToNextPort(self, minimum):
    """사용 가능한 다음 포트에 연결한다. 새 minimum 포트를 반환한다."""
    assert minimum > 1024, '1025 이상의 포트를 입력해야 합니다.'
    port = self._FindNextOpenPort(minimum)
    assert port is not None
    return port
```

- 라이브러리 또는 패키지에 따라 자체적인 예외를 정의하는 게 좋다. 이 경우 내장 Exception 클래스를 상속한다. 예외 이름은 Error로 끝나야 하며, foo.FooError와 같이 foo.가 붙으면 안 된다.
- 모든 예외를 처리하는 catch-all except:, except Exception, except StandardError문을 사용하지 않는다. 예외를 다시 발생시키려 하거나 코드의 가장 바깥쪽 블록(오류 메시지를 출력할 때)에서가 아니라면 말이다. 파이썬은 이 점에 관해 매우 관용적이라 except:문은 오탈자, sys.exit() 호출, Ctrl+C 인터럽트, 단위 테스트 실패 등 처리를 원하는 게 아닌 모든 종류의 예외까지 처리해버린다.
- try/except 블록 내 코드의 양을 최소화한다. try문에 걸리는 코드가 많을수록, 예외를 발생시키지 않을 것으로 예상한 코드 줄에서 예외가 발생할 확률도 높아진다. 이러한 경우 실제 오류가 발견하기 어렵다.
- try문에서 예외가 발생하는지 여부에 관계없이 finally문을 꼭 사용한다. 이렇게 하면 파일 닫기와 같이 자원을 정리cleanup하는 데 유용하다.
- 예외를 처리할 때는 다음과 같이, 쉼표(,) 대신 as를 사용한다.

```
try:
    raise Error
except Error as error:
    pass
```

객체지향 설계

원을 나타내는 객체를 정의하고 싶다고 가정해보자. collections 모듈의 네임드 튜플을 사용했던 것을 기억할 것이다('2.3.3 네임드 튜플').

```
>>> import collections
>>> circle = collections.namedtuple("Circle", "x y radius")
>>> circle
<class '__main__.Circle'>
>>> circle = circle(13, 84, 9)
>>> circle
Circle(x=13, y=84, radius=9)
```

하지만 이 코드에서는 고려하지 않은 점이 많다. 첫째, 사용자가 원의 반지름^{radius}을 입력할 때, 음수 등 유효하지 않은 값을 입력할 수도 있다. 둘째, 코드에서 원 넓이^{area}와 둘레^{perimeter}를 구하고 싶다면 어떻게 할까?

첫째 문제의 경우, 객체를 만들 때 유효성 검사를 할 수 없다는 것은 순수한 절차적 프로그래밍 방식의 매우 좋지 않은 측면임을 알 수 있다. 잘못된 입력에 대해 많은 예외 처리가 있다고 하더라도, 실제 목적에 맞게 유효성 검증을 할 수 없는 입력 데이터가 존재할 수 있다. 이 예에서 네임드 튜플 대신 리스트를 골랐다고 상상해보자. 리스트의 정렬 속성은 어떻게 다뤄야 할까?

이 예에서 배울 수 있는 점은 명확하다. 오직 우리가 기대하는 속성만 가진 객체를 만들어야 한다. 즉, 데이터를 패키지화하고, 메서드를 제한해야 한다. 이것이 바로 객체지향 프로그래밍이다. 이 예에서는 원을 나타낼 자신만의 고유한 데이터 타입, 즉 클래스를 만들어야 한다.

5.1 클래스와 객체

클래스^{class}는 사전에 정의된 특별한 데이터와 메서드의 집합이다. 클래스에 선언된 모양 그대로 생성된 실체를 **객체**^{object}라고 한다. 객체가 소프트웨어에 실체화될 때 (메모리에 할당되어 사용될 때), 이 실체를 **인스턴스**^{instance}라고 한다. 객체는 인스턴스를 포함할 수 있으며, 포괄적인 의미를 지닌다. 파이썬에서 가장 간단한 형태의 클래스는 다음과 같다.

```
>>> class ClassName:
...         # 문장1
...         # ...
...         # 문장n
...         pass
...
>>> x = ClassName() # 클래스 정의에 따라 인스턴스 생성
>>> x
<__main__.ClassName object at 0x106a90940>
```

5.1.1 클래스 인스턴스 생성

클래스 인스턴스 생성class instantiation은 함수 표기법을 사용하여 초기 상태의 객체를 생성하는 일이다. 인스턴스 생성 작업은 어떤 특징을 가진 빈 객체를 만드는 것이다. (여러 범위의) 여러 이름을 같은 객체에 **바인딩**binding(또는 **에일리어싱**aliasing) 할 수 있다. Hello라는 클래스가 있다고 하자. 그러면 Hello()를 호출하여 객체를 생성하는데, 이때 Hello()를 **생성자**constructor라고 한다. 생성자를 호출하면 Hello.__new__()라는 특수 메서드가 호출되어 객체가 할당되고 그다음 Hello.__init__() 메서드가 객체를 초기화한다.[1]

속성

객체에는 **데이터**data와 **메서드**method로 이루어지는 클래스 **속성**attribute이 있다. 메서드 속성은 함수인데, 그 첫 번째 인수는 호출된 인스턴스 자신이다(파이썬에서는 이를 셀프self라고 한다).

속성은 점(.) 뒤에 나오는 모든 이름이다. 모듈 내 모든 이름의 참조는 속성 참조다. **모듈명.함수명**과 같은 표현식에서 **모듈명**은 모듈 객체이고, **함수명**은 객체

---

1 역자주_ https://stackoverflow.com/questions/6578487 참조.

의 속성 중 하나다. 속성은 읽기 전용일 수도 있고 쓰기 가능할 수도 있다. 쓰기 가능한 속성은 del문으로 삭제할 수 있다.

네임스페이스

네임스페이스namespace는 이름을 객체로 매핑mapping하는 것이다. 대부분 네임스페이스는 파이썬 딕셔너리로 구현되어 있다. 네임스페이스의 예로는 내장된 이름 셋, 모듈의 전역 이름, 함수의 지역 이름 등이 있다. 스크립트 파일이나 대화식 인터프리터의 최상위 호출에 의해 실행되는 명령문은 __main__이라는 모듈의 일부로 간주되어, 고유의 전역 네임스페이스를 갖는다.

스코프

스코프scope는 네임스페이스에 직접 접근할 수 있는 파이썬 프로그램의 텍스트 영역textual region2이다. 스코프는 정적으로 결정되지만, 동적으로 사용된다. 즉 스코프는 텍스트에 따라 결정된다. 즉 한 모듈에 정의된 함수의 전역 스코프는 해당 모듈의 네임스페이스다. 클래스 정의가 실행되면, 새로운 네임스페이스가 만들어지고, 지역 스코프로 사용된다.

5.2 객체지향 프로그래밍의 원리

5.2.1 특수화

특수화specialization는 슈퍼super 클래스(부모parent 또는 베이스base 클래스라고도 한다)의 모든 속성을 **상속**inheritance하여 새 클래스를 만드는 절차다. 모든 메서드는 서브sub 클래스(자식child 클래스)에서 재정의override(재구현re-implemented)될 수 있다(파이썬에서 모든 메서드는 가상virtual이다). 상속은 is-a 관계다. 사람 클래스와 이를 상속받는 학생 클래스가 있다고 하자. 이때 '모든 학생은 사람이다'라는 명제가 성립하

---

2 **역자주**_ 텍스트는 '원문'이라는 뜻이나 여기서는 '원래 정의된 곳' 정도를 뜻한다. 직관적으로 받아들이기 어려운 표현이지만 파이썬 공식 문서에도 나오는 표현이므로 '텍스트' 그대로 두었다.

며 이것이 is-a 관계다. 반대로 '모든 사람은 학생이다'는 성립하지 않는다.[3]

구글 파이썬 스타일 가이드에서는 한 클래스가 다른 클래스를 상속받지 않으면, 파이썬의 최상위 클래스인 **object**를 명시적으로 표기하는 것을 권장한다.

즉 좋은 예는 다음과 같다.

```python
class SampleClass(object):
    pass

class OuterClass(object):
        class InnerClass(object):
            Pass

class ChildClass(ParentClass):
    """부모 클래스 상속"""
```

반면 다음은 나쁜 예이다.

```python
class SampleClass:
    pass

class OuterClass:
        class InnerClass:
            pass
```

5.2.2 다형성

다형성polymorphism(또는 동적 메서드 바인딩)은 메서드가 서브 클래스 내에서 재정의될 수 있다는 원리다. 즉, 서브 클래스 객체에서 슈퍼 클래스와 동명의 메서드를 호출하면, 파이썬은 서브 클래스에 정의된 메서드를 사용한다는 뜻이다. 슈퍼 클래스의 메서드를 호출해야 한다면, 내장된 **super()** 메서드를 사용하여 쉽게

---

3 역자주_ is-a 관계와 함께 알아둘 것은 has-a 관계다. 연필 클래스와 지우개 클래스가 있다고 하자. '지우개 연필'을 구현한다고 하면, 연필 클래스는 지우개 클래스를 소유할 수 있다. 이때 연필과 지우개 클래스는 has-a 관계다.

호출할 수 있다.

예를 들어 파이썬에서 사용자 정의 클래스의 모든 객체는 기본적으로 **해시 가
능**hashable하다. 객체가 해시 가능하다는 것은 hash() 속성을 호출할 수 있다는 뜻
이며 불변 객체임을 의미한다. 다음 예제를 살펴보자.

5장_객체지향_설계/1_hash_and_eq_NO.py

```python
class Symbol(object):
    def __init__(self, value):
        self.value = value

if __name__ == "__main__":
    x = Symbol("Py")
    y = Symbol("Py")

    symbols = set()
    symbols.add(x)
    symbols.add(y)

    print(x is y)
    print(x == y)
    print(len(symbols))
```

```
False
False
2
```

두 변수 x, y의 참조가 다르므로 첫 번째 결과(x is y)는 예상대로 False가 나왔
다. 그런데, x, y의 값이 같으니 두 번째 조건(x == y)은 True가 되어야 할 것 같
지만 결과는 False다. 세 번째 결과 역시 셋은 중복 항목이 없으므로 길이가 1이
나와야 할 것 같지만 2가 나왔다.

두 번째와 세 번째 결과를 고치기 위해 객체의 비교를 담당하는 __eq__() 메서
드를 재정의해보자.

```python
class Symbol(object):
    def __init__(self, value):
        self.value = value

    def __eq__(self, other):
        if isinstance(self, other.__class__):
            return self.value == other.value
        else:
            return NotImplemented

if __name__ == "__main__":
    x = Symbol("Py")
    y = Symbol("Py")

    symbols = set()
    symbols.add(x)
    symbols.add(y)

    print(x is y)
    print(x == y)
    print(len(symbols))
```

```
Traceback (most recent call last):
  File "2_hash_and_eq_NO.py", line 30, in <module>
    symbols.add(x)
TypeError: unhashable type: 'Symbol'
```

__eq__() 메서드를 재정의하자 Symbol 클래스가 해시 가능하지 않다고[unhashable] 에러가 발생한다. 객체가 해시 가능하지 않다는 것은 가변 객체임을 의미하는데, 셋은 불변 객체다. 에러를 고치기 위해 __hash__() 메서드를 추가한다.

```python
class Symbol(object):
    def __init__(self, value):
        self.value = value
```

```python
    def __eq__(self, other):
        if isinstance(self, other.__class__):
            return self.value == other.value
        else:
            return NotImplemented

    def __hash__(self):
        return hash(self.value)

if __name__ == "__main__":
    x = Symbol("Py")
    y = Symbol("Py")

    symbols = set()
    symbols.add(x)
    symbols.add(y)

    print(x is y)
    print(x == y)
    print(len(symbols))
```

```
False
True
1
```

이제 예상대로 결과가 나오는 것을 확인할 수 있다.

5.2.3 합성과 집합화

합성composition(그리고 집합화aggregation)은 한 클래스에서 다른 클래스의 인스턴스 변수를 포함하는 것을 말하며, 클래스 간의 관계를 나타낸다. 파이썬의 모든 클래스는 상속을 사용한다(object 베이스 클래스로부터 상속받는다). 대부분 클래스는 다양한 타입의 인스턴스 변수를 가지며, 합성과 집합화를 사용한다.

두 클래스 A, B가 있다고 가정한다. 합성은 A와 B가 강한 연관 관계를 맺으며,

강한 생명주기strong lifecycle를 갖는다. 즉, 의존성이 강하다. 예를 들어 집 클래스는 방 클래스를 갖는다. 집이 있으면 방(공간)이 있다.

집합화는 A와 B가 연관 관계가 있지만, 생명주기가 약하며 독립적이다. 예를 들어 학생 클래스는 미술, 음악 등의 과목 클래스를 갖는다. 한 학생은 미술, 음악 두 과목을 수강할 수도 있고, 그중 한 과목 또는 두 과목 모두 수강하지 않을 수 있다.

5.2.4 클래스 예제

이번 장 앞에서 네임드 튜플로 구현한 원 클래스를 객체지향 설계로 다시 구현해 보자. 즉 원의 데이터 컨테이너를 만들 것이다. 먼저, 일반적인 데이터와 메서드 속성을 가진 점(Point) 클래스를 구현하고, 그다음 상속을 사용하여 Circle 서브 클래스를 구현했다.

5_객체지향_설계/ShapeClass.py

```python
import math

class Point(object):
    def __init__(self, x = 0, y = 0):
        self.x = x # 데이터 속성(attribute)
        self.y = y

    def distance_from_origin(self): # 메서드 속성
        return math.hypot(self.x, self.y)

    def __eq__(self, other):
        return self.x == other.x and self.y == other.y

    def __repr__(self):
        return "point ({0.x!r}, {0.y!r})".format(self)

    def __str__(self):
        return "({0.x!r}, {0.y!r})".format(self)
```

```python
class Circle(Point):
    def __init__(self, radius, x=0, y=0):
        super().__init__(x,y) # 생성 및 초기화
        self.radius = radius

    def edge_distance_from_origin(self):
        return abs(self.distance_from_origin() - self.radius)

    def area(self):
        return math.pi*(self.radius**2)

    def circumference(self):
        return 2*math.pi*self.radius

    def __eq__(self, other):
        return self.radius == other.radius and super().__eq__(other)

    def __repr__(self):
        return "circle ({0.radius!r}, {0.x!r})".format(self)

    def __str__(self):
        return repr(self)
```

```
>>> import ShapeClass as shape
>>> a = shape.Point(3,4)
>>> a
point (3, 4)
>>> repr(a)
'point (3, 4)'
>>> str(a)
'(3, 4)'
>>> a.distance_from_origin()
5.0
>>> c = shape.Circle(3,2,1)
>>> c
circle (3, 2)
>>> repr(c)
'circle (3, 2)'
>>> str(c)
```

```
'circle (3, 2)'
>>> c.circumference()
18.84955592153876
>>> c.edge_distance_from_origin()
0.7639320225002102
```

5.3 디자인 패턴

디자인 패턴^{design pattern}은 잘 설계된 구조의 형식적 정의를 소프트웨어 엔지니어링
으로 옮긴 것이다. 다양한 디자인 패턴이 있고 이들을 사용하여 서로 다른 문제를
해결할 수 있다.

5.3.1 데커레이터 패턴

데커레이터^{decorator} 패턴은 @ 표기를 사용해 함수 또는 메서드의 변환을 우아하게 지
정해주는 도구다. 데커레이터 패턴은 함수의 객체와 함수를 변경하는 다른 객체
의 래핑^{wrapping}을 허용한다. 구글 파이썬 스타일 가이드의 코드 예제를 살펴보자.

```
class C(object):
    @my_decorator
    def method(self):
        # 메서드 내용
```

위 코드가 뜻하는 바는 아래와 같다.

```
class C(object):
    def method(self):
        # 메서드 내용
    method = my_decorator(method)
```

데커레이터를 사용하여 리스트에 임의의 값을 넣는 함수를 벤치마킹하는 코드 예제는 다음과 같다.

5장_객체지향_설계/4_benchmark_decorator.py

```python
import random
import time

def benchmark(func):
    def wrapper(*args, **kwargs):
        t = time.perf_counter()
        res = func(*args, **kwargs)
        print("{0} {1}".format(func.__name__, time.perf_counter()-t))
        return res
    return wrapper

@benchmark
def random_tree(n):
    temp = [n for n in range(n)]
    for i in range(n+1):
        temp[random.choice(temp)] = random.choice(temp)
    return temp


if __name__ == '__main__':
    random_tree(10000)
```

```
random_tree 0.016288665
```

파이썬에서 일반적으로 사용하는 데커레이터는 @classmethod와 @static-method가 있다. 이들은 각각 메서드를 클래스와 정적 메서드로 변환한다. 다음 코드에서 두 데커레이터의 차이점을 살펴보자.[4] @classmethod는 첫 번째 인수로 클래스(cls)를 사용하고, @staticmethod는 첫 번째 인수에 self 혹은 cls가 없다. 클래스 내 변수에 접근하려면 @classmethod의 첫 번째 인수를 사용할

---

4 역자주_ 다음 글의 코드를 참조했다. https://stackoverflow.com/questions/136097

수 있다.

5장_객체지향_설계/5_class_and_static_decorator.py

```python
class A(object):
    _hello = True

    def foo(self, x):
        print("foo({0}, {1}) 실행".format(self, x))

    @classmethod
    def class_foo(cls, x):
        print("class_foo({0}, {1}) 실행: {2}".format(cls, x, cls._hello))

    @staticmethod
    def static_foo(x):
        print("static_foo({0}) 실행".format(x))

if __name__ == "__main__":
    a = A()
    a.foo(1)
    a.class_foo(2)
    A.class_foo(2)
    a.static_foo(3)
    A.static_foo(3)
```

```
foo(<__main__.A object at 0x10643e080>, 1) 실행
class_foo(<class '__main__.A'>, 2) 실행
class_foo(<class '__main__.A'>, 2) 실행
static_foo(3) 실행
static_foo(3) 실행
```

5.3.2 옵서버 패턴

옵서버observer 패턴은 특정 값을 유지하는 핵심 객체를 갖고, 직렬화된 객체의 복사본을 생성하는 일부 옵서버(관찰자)가 있는 경우 유용하다. 즉, 객체의 일대다one-to-many 의존 관계에서 한 객체의 상태가 변경되면, 그 객체에 종속된 모든

CHAPTER 5 객체지향 설계 **143**

객체에 그 내용을 통지하여 자동으로 상태를 갱신하는 방식이다. 옵서버 패턴은 `@property` 데커레이터를 사용하여 구현할 수 있다. 예를 들어 속성[property]을 읽기 전용으로 설정하는 것과 같은 속성 접근을 제어할 수 있다. 속성은 접근자[accessor]나 getter/setter 메서드 대신 사용된다. 먼저, 간단한 속성 예제를 살펴보자.

```
>>> class C:
...     def __init__(self, name):
...         self._name = name
...     @property
...     def name(self):
...         return self._name
...     @name.setter
...     def name(self, new_name):
...         self._name = "{0} >> {1}".format(self._name, new_name)
...
>>> c = C("진")
>>> c._name
'진'
>>> c.name
'진'
>>> c.name = "아스틴"
>>> c.name
'진 >> 아스틴'
```

파이썬의 옵서버 패턴은 다른 컴퓨터 언어와 조금 다른 방식으로 구현된다. 다음은 속성을 사용한 옵서버 패턴의 구현 내용과 예제다. 『Dive Into Design Patterns』(SourceMaking.com, 2018)을 참조했다.[5] 유튜브 InfoQ 채널의 'Tutorial: The Observer Pattern in Python'도 참조했다.[6]

5장_객체지향_설계/6_observer_pattern_with_set.py

```
class Subscriber(object):
    def __init__(self, name):
```

---

5 역자주_ 다음 주소에서 해당 부분 내용과 예제 코드를 볼 수 있다.
https://sourcemaking.com/design_patterns/observer/python/1

6 역자주_ https://www.youtube.com/watch?v=87MNuBgeg34

```python
        self.name = name

    def update(self, message):
        print("{0}, {1}".format(self.name, message))

class Publisher(object):
    def __init__(self):
        self.subscribers = set()

    def register(self, who):
        self.subscribers.add(who)

    def unregister(self, who):
        self.subscribers.discard(who)

    def dispatch(self, message):
        for subscriber in self.subscribers:
            subscriber.update(message)

if __name__ == "__main__":
    pub = Publisher()

    astin = Subscriber("아스틴")
    james = Subscriber("제임스")
    jeff = Subscriber("제프")

    pub.register(astin)
    pub.register(james)
    pub.register(jeff)

    pub.dispatch("점심시간입니다.")
    pub.unregister(jeff)
    pub.dispatch("퇴근시간입니다.")
```

```
제임스, 점심시간입니다.
제프, 점심시간입니다.
아스틴, 점심시간입니다.
제임스, 퇴근시간입니다.
아스틴, 퇴근시간입니다.
```

Publisher 클래스에서 셋을 사용하여 옵서버 패턴을 구현해봤다. 다음 코드에서는 딕셔너리를 사용해보자.

5장_객체지향_설계/7_observer_pattern_with_dict.py

```python
class SubscriberOne(object):
    def __init__(self, name):
        self.name = name

    def update(self, message):
        print("{0}, {1}".format(self.name, message))

class SubscriberTwo(object):
    def __init__(self, name):
        self.name = name

    def receive(self, message):
        print("{0}, {1}".format(self.name, message))

class Publisher(object):
    def __init__(self):
        self.subscribers = dict()

    def register(self, who, callback=None):
        if callback is None:
            callback = getattr(who, 'update')
        self.subscribers[who] = callback

    def unregister(self, who):
        del self.subscribers[who]

    def dispatch(self, message):
        for subscriber, callback in self.subscribers.items():
            callback(message)

if __name__ == "__main__":
    pub = Publisher()

    astin = SubscriberOne("아스틴")
    james = SubscriberTwo("제임스")
    jeff = SubscriberOne("제프")
```

```
pub.register(astin, astin.update)
pub.register(james, james.receive)
pub.register(jeff)

pub.dispatch("점심시간입니다.")
pub.unregister(jeff)
pub.dispatch("퇴근시간입니다.")
```

아스틴, 점심시간입니다.
제임스, 점심시간입니다.
제프, 점심시간입니다.
아스틴, 퇴근시간입니다.
제임스, 퇴근시간입니다.

Subscriber 클래스, 즉 구독자의 형태가 다양하면 이전 코드보다 조금 더 유연
하게 구현할 수 있다(SubscriberOne 클래스, SubscriberTwo 클래스). 마지막
으로 이벤트 기반의 옵서버 패턴을 살펴보자.

5장_객체지향_설계/8_observer_pattern_with_event.py

```python
class Subscriber(object):
    def __init__(self, name):
        self.name = name

    def update(self, message):
        print("{0}, {1}".format(self.name, message))

class Publisher(object):
    def __init__(self, events):
        self.subscribers = {event: dict() for event in events}

    def get_subscribers(self, event):
        return self.subscribers[event]

    def register(self, event, who, callback=None):
        if callback is None:
            callback = getattr(who, 'update')
```

```
        self.get_subscribers(event)[who] = callback

    def unregister(self, event, who):
        del self.get_subscribers(event)[who]

    def dispatch(self, event, message):
        for subscriber, callback in self.get_subscribers(event).items():
            callback(message)

if __name__ == "__main__":
    pub = Publisher(["점심", "퇴근"])

    astin = Subscriber("아스틴")
    james = Subscriber("제임스")
    jeff = Subscriber("제프")

    pub.register("점심", astin)
    pub.register("퇴근", astin)
    pub.register("퇴근", james)
    pub.register("점심", jeff)

    pub.dispatch("점심", "점심시간입니다.")
    pub.dispatch("퇴근", "저녁시간입니다.")
```

```
아스틴, 점심시간입니다.
제프, 점심시간입니다.
아스틴, 저녁시간입니다.
제임스, 저녁시간입니다.
```

5.3.3 싱글턴 패턴

초기화된 객체의 인스턴스를 전역에서 사용하기 위해서는 **싱글턴**singleton 패턴을 사용한다. 이 객체의 인스턴스는 하나만 존재한다. 파이썬에는 **private** 접근 제한자가 없기 때문에 __new__() 클래스 메서드를 가지고 하나의 인스턴스만 생성되도록 구현해야 한다. 먼저 싱글턴 인스턴스가 생성되었는지 확인한다(이미 싱글턴 인스턴스가 생성되었는데, 또다시 생성을 시도했는지 확인한다). 싱글턴 인스턴스가 없다면, 슈퍼 클래스를 호출하여 싱글턴 인스턴스를 생성한다.

```
>>> class SinEx:
...     _sing = None
...
...     def __new__(self, *args, **kwargs):
...         if not self._sing:
...             self._sing = super(SinEx, self).__new__(self, *args, **kwargs)
...         return self._sing
...
>>> x = SinEx()
>>> x
<__main__.SinEx object at 0x10b947ef0>
>>> y = SinEx()
>>> x == y
True
>>> y
<__main__.SinEx object at 0x10b947ef0>
```

위 예제에서 두 객체의 주소는 같으므로, 두 객체는 같다.[7]

사실 디자인 패턴에 대해서는 다양한 의견이 있다. 파이콘 스웨덴에서 발표한 파이썬 디자인 패턴에 대한 'Design Patterns in Python by Peter Ullrich' 유튜브 영상도 참고할 만하다.[8]

---

7 역자주_ 다른 싱글턴 패턴 구현 예제는 다음 사이트 등을 참조한다. *https://sourcemaking.com/design_patterns/singleton/python/1*

8 역자주_ *https://www.youtube.com/watch?v=bsyjSW46TDg*

CHAPTER 06

파이썬 고급 주제

6.1 멀티 프로세스와 멀티 스레드

운영 체제에서 실행되는 각 프로그램은 각각이 별도의 **프로세스**^process다. 각 프로세스에는 하나 이상의 **스레드**^thread가 있다. 한 프로세스에 여러 개의 스레드가 있다면 여러 작업을 마치 동시에 수행하는 것처럼 보인다. 이렇게 멀티 프로세스와 멀티 스레드라는 두 가지 방법을 사용하면, 프로그램의 작업 부하를 분산시킬 수 있다.

- **멀티 프로세스**
  멀티 프로세스는 별도의 메모리 영역을 가지며, 특별한 메커니즘[1]으로만 통신할 수 있다. 프로세서는 각 스레드에 대해 별도의 레지스터 집합을 불러오거나 저장하는데, 프로세스 간 데이터 공유와 통신용으로는 비효율적이다. 파이썬에서는 멀티 프로세스 방식에 **subprocess** 모듈을 사용한다.

- **멀티 스레드**
  단일 프로세스 내의 멀티 스레드는 동일한 메모리에 접근한다. 스레드는 데이터 공유를 통해 간단하게 통신하는데, **threading** 모듈의 처리를 통해 한 번에 한 스레드만 메모리 영역에 접근할 수 있다. 각 프로세스가 독립적인 스택^stack, 힙^heap, 코드^code, 데이터^data 영역을 가지는 반면, 한 프로세스에 속한 스레드는 스택 영역을 제외한 메모리 영역을 공유한다.

파이썬에 스레드 메커니즘이 있긴 하지만, 진정한 병렬^parallel 실행이 지원되는 것은 아니다.[2] 하지만 프로세스를 병렬로 사용하는 것은 가능하며, 이 정도도 오늘날 운영 체제에서는 충분히 효율적이다.

---

1 **역자주_** 시그널, 메시지 큐, 파이프, 파일 등이 통신하는 프로세스 간 통신(inter-process communication, IPC) 같은 방법으로.
2 **역자주_** 멀티 스레드에서 한 스레드는 인터프리터 락(interpreter lock)을 획득해야만 실행될 수 있다. 파이썬에서 이러한 인터프리터 락은 하나만 존재하며, 이것을 GIL(global interpreter lock)이라고 한다. GIL을 획득한 스레드가 어떤 자원을 사용하고 있을 때, 다른 스레드들은 이 자원에 접근하지 못한다. 즉, 다른 스레드들은 GIL을 획득하기 위해 대기 상태에 놓인다. 구글에서 '파이썬 GIL'로 검색하면 더 자세한 내용을 찾을 수 있다.

NOTE_ **동시성**concurrency은 논리적으로 여러 작업이 동시에 실행되는 것처럼 보이는 것이다. 예를 들어 I/O(파일 및 네트워크 소켓 입력 및 출력) 연산 등은 프로그램의 흐름에 큰 짐이 될 수 있다. 이럴 때 한 작업의 I/O 연산이 완료되기를 기다리는 동안 다른 작업을 수행하여 유휴 시간을 활용하는 것이 동시성이다.

병렬성parallelism은 물리적으로 여러 작업이 동시에 처리되는 것이다. 데이터 병렬성과 작업 병렬성으로 나눌 수 있다. 데이터 병렬성은 같은 작업을 병렬처리하는 것이다. 하나의 커다란 작업에서 전체 데이터를 쪼갠 후 병렬처리하면 작업을 빠르게 수행할 수 있다. 작업 병렬성은 서로 다른 작업을 병렬처리하는 것이다. 웹 서버에서는 다수의 독립적인 요청을 병렬로 개별적으로 처리할 수 있다.

6.1.1 subprocess 모듈

subprocess 모듈은 '부모-자식parent-child' 프로세스 쌍을 생성하는 데 사용된다. 부모 프로세스는 사용자에 의해 실행된다. 부모 프로세스는 차례로 다른 일을 처리하는 자식 프로세스의 인스턴스를 실행한다. 자식 프로세스를 사용함으로써, 멀티 코어의 이점을 최대한 취하고, 동시성concurrency 문제를 운영 체제가 알아서 처리하도록 한다. 간단한 예제를 살펴보자.[3]

```
>>> import subprocess
>>> subprocess.run(["echo", "이것은 subprocess입니다."])
이것은 subprocess입니다.
CompletedProcess(args=['echo', '이것은 subprocess입니다.'], returncode=0)
>>>
>>> subprocess.run(["sleep", "10"]) # 10초 동안 sleep
CompletedProcess(args=['sleep', '10'], returncode=0)
```

예제를 실행하면 터미널에서 5초 동안 서브 프로세스가 잠자는sleep 동안, 다른 터미널 창에서 새로운 프로세스가 생성되었다가 사라진다. 다음과 같이 확인할 수 있다.

---

3 역자주_ 유닉스 계열에서만 실행할 수 있는 예제다.

```
$ top
...
PID     COMMAND      %CPU TIME     #TH  #WQ  #PORT MEM    PURG   CMPRS  PGRP
PPID  STATE
15733   sleep        0.0  00:00.00 1    0    10    288K   0B     0B     14699
14699 sleeping
15712   top          3.9  00:01.26 1/1  0    24    4216K  0B     0B     15712
15608 running
15608   bash         0.0  00:00.01 1    0    19    980K   0B     0B     15608
15607 sleeping
...
14699   python3.7    0.0  00:00.10 1    0    19    5436K  0B     0B     14699
11705 sleeping
...
```

이 실행 결과에서는 현재 파이썬 대화식 인터프리터의 프로세스 ID(PID)는
14699다. 대화식 인터프리터에서 실행된 sleep 명령의 프로세스 ID는 15733이
고, 부모 프로세스 ID(PPID)는 14699다. subprocess 모듈에 대한 자세한 내용
은 파이썬 공식 문서를 참조한다.[4]

6.1.2 threading 모듈

스레드가 여러 개로 분리되면, 스레드 간 데이터 공유의 복잡성이 증가한다. 또한
락[5]과 데드락[6]을 회피하는 데 주의를 기울여야 한다. 파이썬 프로그램에
는 단 하나의 메인 스레드만 존재한다. 멀티 스레드를 사용하려면 threading 모
듈을 사용한다.

내부적으로 락을 관리하려면 queue 모듈을 사용한다. 큐에 의존하면 자원의 접
근을 직렬화할 수 있고, 이는 곧 한 번에 하나의 스레드만 데이터에 접근할 수 있
게 한다는 뜻이다(FIFO[first in, first out] 방식으로). 실행 중인 스레드가 있는 동안에는

---

4 역자주_ https://docs.python.org/3/library/subprocess.html
5 역자주_ 여러 스레드를 실행하는 환경에서 자원에 대한 접근에 제한을 강제하기 위한 동기화 매커니즘.
   https://ko.wikipedia.org/wiki/락_(컴퓨터_과학)
6 역자주_ '6.1.4 데드락과 스핀락'에서 다룬다.

프로그램은 종료되지 않는다.

워커 스레드worker thread가 작업을 완료했는데도, 프로그램이 종료되지 않고 계속 실행되는 경우 문제가 될 수 있다. 스레드를 데몬daemon으로 변환하면 데몬 스레드가 실행되지 않는 즉시 프로그램이 종료된다. queue.join() 메서드는 큐가 빌 때까지(큐의 모든 항목이 처리될 때까지) 기다린다. queue 모듈의 공식 문서 예제를 조금 수정한 다음 코드를 살펴보자.[7]

6_파이썬_고급/1_threading_with_queue.py

```python
import queue
import threading

q = queue.Queue()

def worker(num):
    while True:
        item = q.get()
        if item is None:
            break
        # 작업을 처리한다.
        print("스레드 {0} : 처리 완료 {1}".format(num+1, item))
        q.task_done()

if __name__ == "__main__":
    num_worker_threads = 5
    threads = []
    for i in range(num_worker_threads):
        t = threading.Thread(target=worker, args=(i,))
        t.start()
        threads.append(t)

    for item in range(20):
        q.put(item)

    # 모든 작업이 끝날 때까지 대기한다(block).
    q.join()
```

---

[7] 역자주_ https://docs.python.org/3/library/queue.html

```
# 워커 스레드를 종료한다(stop).
for i in range(num_worker_threads):
    q.put(None)
for t in threads:
    t.join()
```

```
스레드 1 : 처리 완료 0
스레드 1 : 처리 완료 5
스레드 3 : 처리 완료 3
스레드 2 : 처리 완료 1
스레드 1 : 처리 완료 6
스레드 5 : 처리 완료 4
스레드 4 : 처리 완료 2
스레드 1 : 처리 완료 9
스레드 5 : 처리 완료 10
스레드 3 : 처리 완료 7
스레드 1 : 처리 완료 12
스레드 5 : 처리 완료 13
스레드 3 : 처리 완료 14
스레드 1 : 처리 완료 15
스레드 2 : 처리 완료 8
스레드 3 : 처리 완료 17
스레드 1 : 처리 완료 18
스레드 2 : 처리 완료 19
스레드 4 : 처리 완료 11
스레드 5 : 처리 완료 16
```

6.1.3 뮤텍스와 세마포어

뮤텍스mutex는 락과 같다. 뮤텍스는 공유 리소스에 한 번에 하나의 스레드만 접근할 수 있도록 하는 상호 배제mutual exclusion[8] 동시성 제어 정책을 강제하기 위해 설계되었다. 예를 들어 한 스레드가 배열을 수정하고 있다고 가정해보자. 배열 작업을 절반 이상 수행했을 때, 프로세서가 다른 스레드로 전환했다고 하자. 여기에서 뮤

---

8 역자주_ 경쟁 조건(race condition)을 방지하기 위한 동시성 제어의 속성이다. 한 스레드의 실행에서 한 임계 구역(critical section)에 접근할 수 없을 때 비로소 동시에 다른 스레드가 해당 임계 구역에 접근할 수 있다. *https://en.wikipedia.org/wiki/Mutual_exclusion*

텍스를 사용하지 않는다면, 두 스레드가 동시에 배열을 수정하는 일이 벌어질 것이다.

개념적으로, 뮤텍스는 1부터 시작하는 정수다. 스레드는 배열을 변경해야 할 때마다 뮤텍스를 '잠근다'. 즉, 스레드는 뮤텍스가 양수가 될 때까지 대기한 다음 숫자를 1 감소시킨다(이것이 곧 락이다). 배열 수정을 마치면 뮤텍스가 잠금 해제되어 숫자가 1 증가한다(언락). 배열을 수정하기 전에 뮤텍스를 잠근 후, 수정 작업이 끝나고 잠금을 해제하면, 두 스레드가 배열을 동시에 수정하는 일은 일어나지 않는다.

다음 뮤텍스 예제를 살펴보자. 예제 파일을 다운로드했다면 **thread_safe** 변수가 **True**로 작성되어 있을 텐데, 비교를 위해 다음과 같이 **False**로 지정하여 실행해보자.

6장_파이썬_고급/2_threading_mutex.py

```python
from threading import Thread, Lock
import threading

def worker(mutex, data, thread_safe):
    if thread_safe:
        mutex.acquire()
    try:
        print("스레드 {0}: {1}\n".format(threading.get_ident(), data))
    finally:
        if thread_safe:
            mutex.release()

if __name__ == "__main__":
    threads = []
    thread_safe = False
    mutex = Lock()
    for i in range(20):
        t = Thread(target=worker, args=(mutex, i, thread_safe))
        t.start()
        threads.append(t)
    for t in threads:
        t.join()
```

123145343111168 스레드: 0

123145348366336 스레드: 1

123145343111168 스레드: 2

123145343111168 스레드: 3

123145343111168 스레드: 4

123145348366336 스레드: 5

123145353621504 스레드: 6
123145343111168 스레드: 7

123145348366336 스레드: 8

123145358876672 스레드: 10

123145353621504 스레드: 11
123145348366336 스레드: 12

123145343111168 스레드: 9

123145358876672 스레드: 14
123145364131840 스레드: 13

123145369387008 스레드: 16

123145374642176 스레드: 17

123145348366336 스레드: 15

123145353621504 스레드: 19
123145379897344 스레드: 18

실행할 때마다 결과가 다르게 나올 것이다. 이제 뮤텍스를 사용하기 위해 thread_safe 변수를 True로 설정한 후 다시 코드를 실행해보자.

```
스레드 123145423060992: 0

스레드 123145428316160: 1

스레드 123145423060992: 2

스레드 123145423060992: 3

스레드 123145428316160: 4

스레드 123145423060992: 5

스레드 123145428316160: 6

스레드 123145423060992: 7

스레드 123145423060992: 8

스레드 123145423060992: 9

스레드 123145423060992: 10

스레드 123145423060992: 11

스레드 123145423060992: 12

스레드 123145423060992: 13

스레드 123145423060992: 14

스레드 123145423060992: 15

스레드 123145423060992: 16

스레드 123145428316160: 17
```

스레드 123145423060992: 18

스레드 123145428316160: 19

한편, **세마포어**semaphore는 뮤텍스보다 더 일반적으로 사용되는 개념이다. 세마포어는 1보다 큰 수로 시작할 수 있다. 세마포어 값은 곧 한 번에 자원에 접근할 수 있는 스레드의 수다. 세마포어는 뮤텍스의 락 및 언락 작업과 유사한 대기wait 및 신호signal 작업을 지원한다. 파이썬의 뮤텍스(락)와 세마포어에 관한 내용은 threading 모듈의 공식 문서를 참조한다.9 다음 세마포어 예제를 살펴보자.

6장_파이썬_고급/3_threading_semaphore.py

```python
import threading
import time

class ThreadPool(object):
    def __init__(self):
        self.active = []
        self.lock = threading.Lock()

    def acquire(self, name):
        with self.lock:
            self.active.append(name)
            print("획득: {0} | 스레드 풀: {1}".format(name, self.active))

    def release(self, name):
        with self.lock:
            self.active.remove(name)
            print("반환: {0} | 스레드 풀: {1}".format(name, self.active))

def worker(semaphore, pool):
    with semaphore:
        name = threading.currentThread().getName()
        pool.acquire(name)
        time.sleep(1)
        pool.release(name)
```

---

9 역자주_ https://docs.python.org/3/library/threading.html

```python
if __name__ == '__main__':
    threads = []
    pool = ThreadPool()
    semaphore = threading.Semaphore(3)
    for i in range(10):
        t = threading.Thread(
            target=worker, name="스레드 " + str(i), args=(semaphore, pool))
        t.start()
        threads.append(t)
    for t in threads:
        t.join()
```

```
획득: 스레드 0 ¦ 스레드 풀: ['스레드 0']
획득: 스레드 1 ¦ 스레드 풀: ['스레드 0', '스레드 1']
획득: 스레드 2 ¦ 스레드 풀: ['스레드 0', '스레드 1', '스레드 2']
반환: 스레드 0 ¦ 스레드 풀: ['스레드 1', '스레드 2']
획득: 스레드 3 ¦ 스레드 풀: ['스레드 1', '스레드 2', '스레드 3']
반환: 스레드 1 ¦ 스레드 풀: ['스레드 2', '스레드 3']
반환: 스레드 2 ¦ 스레드 풀: ['스레드 3']
획득: 스레드 4 ¦ 스레드 풀: ['스레드 3', '스레드 4']
획득: 스레드 5 ¦ 스레드 풀: ['스레드 3', '스레드 4', '스레드 5']
반환: 스레드 4 ¦ 스레드 풀: ['스레드 3', '스레드 5']
반환: 스레드 5 ¦ 스레드 풀: ['스레드 3']
획득: 스레드 6 ¦ 스레드 풀: ['스레드 3', '스레드 6']
반환: 스레드 3 ¦ 스레드 풀: ['스레드 6']
획득: 스레드 8 ¦ 스레드 풀: ['스레드 6', '스레드 8']
획득: 스레드 7 ¦ 스레드 풀: ['스레드 6', '스레드 8', '스레드 7']
반환: 스레드 6 ¦ 스레드 풀: ['스레드 8', '스레드 7']
반환: 스레드 8 ¦ 스레드 풀: ['스레드 7']
반환: 스레드 7 ¦ 스레드 풀: []
획득: 스레드 9 ¦ 스레드 풀: ['스레드 9']
반환: 스레드 9 ¦ 스레드 풀: []
```

6.1.4 데드락과 스핀락

데드락(교착 상태)deadlock은 두 개 이상의 프로세스나 스레드가 서로 상대방의 작업이 끝나기만을 기다리고 있기 때문에 결과적으로 아무것도 완료되지 못하는 상태다. 프로그램에서 락을 할당하고, 락을 순서대로 획득한다면, 교착 상태를 막을 수 있다(이는 일반적인 접근법일 뿐 정교한 것은 아니다).

다음 네 가지 조건을 모두 충족하면 데드락이 발생한다. 네 가지 조건 중 하나라도 막을 수 있다면, 데드락을 해결할 수 있다.

- **상호 배제**mutual exclusion : 자원은 한 번에 한 프로세스(혹은 스레드)만 사용할 수 있다.
- **점유와 대기**hold and wait : 한 프로세스가 자원을 가지고 있는 상태에서, 다른 프로세스가 쓰는 자원의 반납을 기다린다.
- **비선점**no preemption : 다른 프로세스가 이미 점유한 자원을 강제로 뺏어오지 못한다.
- **순환 대기**circular wait : 프로세스 A, B, C가 있다고 가정할 때 A는 B가 점유한 자원을, B는 C가 점유한 자원을, C는 A가 점유한 자원을 대기하는 상태다.

스핀락spinlock은 (전체 시스템이 단일 애플리케이션 전용이고, 코어당 하나의 스레드만 사용하는) 고성능 컴퓨팅 상황에 유용한 **바쁜 대기**busy waiting[10]의 한 형태다. 스핀락은 임계 구역에 진입이 불가능할 때, 진입이 가능할 때까지 반복문을 돌면서 재시도하는 방식으로 구현된 락이다.[11]

6.1.5 스레딩에 대한 구글 파이썬 스타일 가이드

내장 타입의 원자성atomicity에 의존하지 않는다. 딕셔너리 같은 파이썬 기본 데이터 타입은 원자적 연산을 수행하는 하는 반면, 내장 타입이 원자적이지 않은 경우가 있어서(__hash__() 또는 __eq__() 메서드가 구현된 경우), 내장 타입의 원자성에 의존해선 안 된다. 또한 원자적 변수 할당에 의존하지 않아야 한다(이것은 결국 딕셔너리에 의존하기 때문이다).

---

10 역자주_ 특정 공유 자원에 대해 두 개 이상의 프로세스나 스레드가 그 이용 권한을 획득하기 위해 대기하는 현상이다. *https:// ko.wikipedia.org/wiki/바쁜_대기*

11 역자주_ *https://ko.wikipedia.org/wiki/스핀락*

queue 모듈의 Queue 데이터 타입을 스레드 간 데이터를 전달하는 기본 방식으로 사용한다. 그렇지 않으면, threading 모듈의 락을 사용한다. 저수준의 락 대신, threading.Condintion을 사용할 수 있도록 조건 변수를 적절하게 사용하는 방법을 숙지한다. 생산자-소비자 모델의 간단한 예제를 살펴보자.

6장_파이썬_고급/4_threading_with_condition.py

```python
import threading

def consumer(cond):
    name = threading.currentThread().getName()
    print("{0} 시작".format(name))
    with cond:
        print("{0} 대기".format(name))
        cond.wait()
        print("{0} 자원 소비".format(name))

def producer(cond):
    name = threading.currentThread().getName()
    print("{0} 시작".format(name))
    with cond:
        print("{0} 자원 생산 후 모든 소비자에게 알림".format(name))
        cond.notifyAll()

if __name__ == "__main__":
    condition = threading.Condition()
    consumer1 = threading.Thread(
        name="소비자1", target=consumer, args=(condition,))
    consumer2 = threading.Thread(
        name="소비자2", target=consumer, args=(condition,))
    producer = threading.Thread(name="생산자", target=producer,
args=(condition,))

    consumer1.start()
    consumer2.start()
    producer.start()
```

```
소비자1 시작
소비자1 대기
소비자2 시작
소비자2 대기
생산자 시작
생산자 자원 생산 후 모든 소비자에게 알림
소비자2 자원 소비
소비자1 자원 소비
```

6.2 좋은 습관

6.2.1 가상 환경

프로젝트 경험이 많아질수록, 다양한 버전의 파이썬이나 라이브러리로 작업하는 일이 생길 것이다. 별도의 파이썬 가상 환경을 만들기 위한 라이브러리는 많다.[12] 이 책에서는 virtualenv와 virtualenvwrapper로 파이썬 가상 환경을 간단하게 만들어보겠다.

virtualenv

virtualenv는 파이썬 프로젝트에 필요한 패키지를 사용하기 위해 필요한 모든 실행 파일을 포함하는 폴더를 생성한다. 공식 문서(*https://docs.python-guide.org/dev/virtualenvs/#lower-level-virtualenv*)에서 예제를 볼 수 있다.[13]

```
# virtualenv를 설치한다.
$ pip install virtualenv

# 설치된 버전을 확인한다.
```

---

12 역자주_ *https://stackoverflow.com/questions/41573587* 참조.

13 역자주_ 윈도우에서는 명령 및 디렉터리가 약간 다른데, 웹에서 관련 정보를 쉽게 찾을 수 있다.

```
$ virtualenv --version

# 가상 환경 프로젝트를 생성한다.
$ cd my_project_folder
$ virtualenv my_project

# 가상 환경 프로젝트를 활성화한다.
$ source my_project/bin/activate

# 파이썬 외부 패키지 모듈을 설치한다(다음 예제에서는 requests 라이브러리를 설
치한다).
(my_project)$ pip install requests

# 가상 환경에서 설치된 외부 패키지 목록을 확인한다.
(my_project)$ pip freeze

# 가상 환경 프로젝트를 비활성화한다.
(my_project)$ deactivate
$
```

이렇게 설정한 로컬 가상 환경을 삭제하려면, 생성한 폴더(*my_project*)를 삭제
하면 된다.

virtualenvwrapper

virtualenvwrapper는 virtualenv를 사용하여 모든 가상 환경을 한곳에
배치한다(*https://docs.python-guide.org/dev/virtualenvs/#virtuale
nvwrapper*). 윈도우 사용자를 위한 문서도 있으니 참조한다.[14]

```
# virtualenvwrapper를 설치한다.
$ pip install virtualenvwrapper

# 가상 환경 폴더를 생성한다.
$ export WORKON_HOME=~/Envs
$ mkdir -p $WORKON_HOME
$ source /usr/local/bin/virtualenvwrapper.sh
```

---

14 역자주_ *https://pypi.org/project/virtualenvwrapper-win*

```
# 가상 환경 프로젝트를 생성한다.
$ mkvirtualenv env1

# requests 라이브러리를 설치한다.
(env1)$ pip install requests

# 설치된 패키지를 확인한다.
(env1)$ pip freeze

# 가상 환경 프로젝트를 활성화한다.
$ workon env1

# 가상 환경 프로젝트를 비활성화한다.
(env1)$ deactivate

# 가상 환경 프로젝트를 삭제한다.
(env1)$ rmvirtualenv env1
```

6.2.2 디버깅

파이썬 디버거 **pdb**를 이용하면 디버깅을 할 수 있다(*http://pymotw.com/3/ pdb*). 자세한 사용법은 파이썬 공식 문서를 참조한다.[15]

파이썬 스크립트 파일을 대화식 인터프리터를 사용해 살펴보고 싶다면 **-i** 뒤에 파일명을 적거나 **-m pdb** 뒤에 파일명을 적어서 실행하면 된다. 스크립트에 있는 변수와 함수 등을 사용할 수 있다. 먼저 **-i** 실행 예이다.

```
$ python -i 1_threading_with_queue.py
스레드 1 : 처리 완료 0
스레드 4 : 처리 완료 1
스레드 3 : 처리 완료 2
스레드 1 : 처리 완료 5
스레드 4 : 처리 완료 6
```

---

15 역자주_ *https://docs.python.org/3/library/pdb.html*

```
스레드 3 : 처리 완료 7
스레드 1 : 처리 완료 8
스레드 4 : 처리 완료 9
스레드 3 : 처리 완료 10
스레드 1 : 처리 완료 11
스레드 4 : 처리 완료 12
스레드 3 : 처리 완료 13
스레드 1 : 처리 완료 14
스레드 4 : 처리 완료 15
스레드 2 : 처리 완료 3
스레드 2 : 처리 완료 19
스레드 3 : 처리 완료 16
스레드 1 : 처리 완료 17
스레드 5 : 처리 완료 4
스레드 4 : 처리 완료 18
>>> q
<queue.Queue object at 0x100d93588>
>>> num_worker_threads
5
>>>
```

다음은 -m pdb 실행 예이다.

```
$ python -m pdb 1_threading_with_queue.py
> /Python-and-Algorithms-and-Data-Structures/6장_파이썬_고급/1_threading_
with_queue.py(1)<module>()
-> import queue
(Pdb) help

Documented commands (type help <topic>):
========================================
EOF    c         d         h         list      q         rv        undisplay
a      cl        debug     help      ll        quit      s         unt
alias  clear     disable   ignore    longlist  r         source    until
args   commands  display   interact  n         restart   step      up
b      condition down      j         next      return    tbreak    w
break  cont      enable    jump      p         retval    u         whatis
bt     continue  exit      l         pp        run       unalias   where
```

```
Miscellaneous help topics:
==========================
exec  pdb

(Pdb) help n
n(ext)
        Continue execution until the next line in the current function
        is reached or it returns.

(Pdb) n
> /Python-and-Algorithms-and-Data-Structures/6장_파이썬_고급/1_threading_
with_queue.py(2)<module>()
-> import threading
(Pdb) n
> /Python-and-Algorithms-and-Data-Structures/6장_파이썬_고급/1_threading_
with_queue.py(4)<module>()
-> q = queue.Queue()
(Pdb) n
> /Python-and-Algorithms-and-Data-Structures/6장_파이썬_고급/1_threading_
with_queue.py(6)<module>()
-> def worker(num):
(Pdb)
...
```

pdb의 명령어를 몇 가지 살펴보겠다. c[continue]를 입력하면 프로그램을 끝까지 실행하고, s[step]는 코드 다음 줄로 넘어간다(한 단계씩 코드 실행[step into]). n[next]도 코드 다음 줄로 넘어가되 프로시저 단위 실행[step over] 으로서, s와 다른 점은 어떤 함수를 만날 경우 함수 전체를 실행한 뒤 다음 줄로 넘어간다는 점이다. p[point]는 표현식의 값을 출력한다. l[line]은 다음 실행할 코드를 몇 줄 보여준다. h[help]는 도움말이다.

스크립트에서 디버깅하고 싶은 위치에 pdb.set_trace() 함수를 삽입하는 방법도 있다.

```
import pdb
pdb.set_trace()
```

6.2.3 프로파일링

프로그램이 매우 느리게 실행되거나 예상보다 많은 메모리가 소비된다면, 자료 구조나 알고리즘을 잘못 선택했거나 비효율적으로 구현했기 때문인 경우가 많다. 이 경우 다음과 같이 성능 항목을 검토한다.

- 읽기 전용 데이터는 리스트 대신 튜플을 사용한다.
- 반복문에서 항목이 많은 리스트나 튜플 대신 **제너레이터**를 사용하여 순회한다.
- 문자열을 연결할 때 + 연산자로 문자열을 연결^{concatenate}하는 대신, 리스트에 문자열을 추가^{append}한 후, 마지막에 리스트의 항목을 모두 하나로 연결^{join}한다. 다음 구글 파이썬 스타일 가이드의 예제 코드를 살펴보자.

```python
# 좋은 예
items = ['<table>']
for last_name, first_name in employee_list:
    items.append('<tr><td>%s, %s</td></tr>' % (last_name, first_name))
items.append('</table>')
employee_table = ''.join(items)

# 나쁜 예
employee_table = '<table>'
for last_name, first_name in employee_list:
    employee_table += '<tr><td>%s, %s</td></tr>' % (last_name, first_name)
employee_table += '</table>'
```

cProfile 모듈

cProfile 모듈은 호출 시간에 대한 세부 분석을 제공하며, 병목 현상^{bottleneck}을 찾는 데 사용된다. 흔히 다음과 같은 형태로 사용한다.

```python
import cProfile
cProfile.run('main()')
```

조금 더 실제적인 예는 다음과 같다.

```
>>> import cProfile
>>> import time
>>>
>>> def sleep():
...     time.sleep(5)
...
>>> def hello_world():
...     print("Hello World!")
...
>>> def main():
...     sleep()
...     hello_world()
...
>>> cProfile.run('main()')
Hello World!
         8 function calls in 5.003 seconds

   Ordered by: standard name

   ncalls  tottime  percall  cumtime  percall filename:lineno(function)
        1    0.000    0.000    0.000    0.000 <stdin>:1(hello_world)
        1    0.000    0.000    5.003    5.003 <stdin>:1(main)
        1    0.000    0.000    5.003    5.003 <stdin>:1(sleep)
        1    0.000    0.000    5.003    5.003 <string>:1(<module>)
        1    0.000    0.000    5.003    5.003 {built-in method builtins.exec}
        1    0.000    0.000    0.000    0.000 {built-in method builtins.print}
        1    5.003    5.003    5.003    5.003 {built-in method time.sleep}
        1    0.000    0.000    0.000    0.000 {method 'disable' of '_lsprof.
Profiler' objects}
```

혹은 다음과 같이 스크립트 파일에 대해 실행할 수도 있다.

```
$ python -m cProfile -o profile.dat 1_threading_with_queue.py
$ python -m pstats profile.dat
Welcome to the profile statistics browser.
profile.dat% help
```

```
Documented commands (type help <topic>):
========================================
EOF  add  callees  callers  help  quit  read  reverse  sort  stats  strip

profile.dat% help callees
Print callees statistics from the current stat object.
Arguments may be:
* An integer maximum number of entries to print.
* A decimal fractional number between 0 and 1, controlling
  what fraction of selected entries to print.
* A regular expression; only entries with function names
  that match it are printed.
profile.dat% help callers
Print callers statistics from the current stat object.
Arguments may be:
* An integer maximum number of entries to print.
* A decimal fractional number between 0 and 1, controlling
  what fraction of selected entries to print.
* A regular expression; only entries with function names
  that match it are printed.
profile.dat% callees
...
```

이 밖에 프로파일링에 대한 자세한 내용은 파이썬 공식 문서를 참조한다.[16]

timeit 모듈

코드 일부분의 실행 시간을 확인하는 데 사용한다. 다음 예제를 살펴보자.

```
>>> import timeit
>>> timeit.timeit("x = 2 + 2")
0.014609420000001094
>>> timeit.timeit("x = sum(range(10))")
0.47560242099999783
```

다음과 같이 스크립트로 실행할 수도 있다.

---

16 역자주_ https://docs.python.org/3/library/profile.html

```
$ python -m timeit "d = {}"
10000000 loops, best of 5: 34.5 nsec per loop
$ python -m timeit "import collections" "d = collections.OrderedDict()"
1000000 loops, best of 5: 320 nsec per loop
```

time 모듈의 time() 함수를 사용한 아주 간단한 예제를 살펴보자.

6장_파이썬_고급/5_using_time_module.py

```python
import time

def sumOfN2(n):
    start = time.time()
    theSum = 0
    for i in range(1,n+1):
        theSum = theSum + i
    end = time.time()
    return theSum, end-start

if __name__ == "__main__":
    n = 5
    print("총 합계: %d\t 시간: %10.7f초" % sumOfN2(n))
    n = 200
    print("총 합계: %d\t 시간: %10.7f초" % sumOfN2(n))
```

6.3 단위 테스트

개별 함수 및 클래스의 메서드에 대한 테스트 코드를 작성하여, 예상한 값이 맞게
나오는지 확인하는 것이 좋은 습관이다. 파이썬 표준 라이브러리는 이러한 **단위
테스트**unit test를 위해 doctest와 unittest 모듈을 제공한다. 또한 외부 라이브러
리인 pytest 모듈도 있다.

6.3.1 용어

- **테스트 픽스처**[test fixture] : 테스트 설정을 위한 코드 (예: 테스트용 입력 파일을 만들었다 삭제하는 코드)
- **테스트 케이스**[test case] : 테스트의 기본 단위
- **테스트 스위트**[test suite] : unittest.TestCase의 하위 클래스에 의해 생성된 테스트 케이스 집합. 각 테스트 케이스의 메서드 이름은 test로 시작한다.
- **테스트 러너**[test runner] : 하나 이상의 테스트 스위트를 실행하는 객체

6.3.2 doctest

먼저 **doctest** 모듈은 모듈과 함수의 독스트링[docstring] 안에 테스트 코드를 작성할 때 사용한다. 테스트를 작성한 후, 다음 코드 세 줄만 추가하면 된다.

```
if __name__ = "__main__"
    import doctest
    doctest.testmod()
```

doctest 모듈이 포함된 프로그램은 두 가지 방법으로 실행할 수 있다. 먼저 -v 옵션으로 파이썬을 실행하는 방법이다. 파이썬 공식 문서의 예제를 살펴보자.[17]

6장_파이썬_고급/6_doctest_factorial.py

```
"""
This is the "example" module.

The example module supplies one function, factorial().  For example,

>>> factorial(5)
120
"""

def factorial(n):
```

---

[17] 역자주_ https://docs.python.org/3/library/doctest.html

```
"""Return the factorial of n, an exact integer >= 0.

>>> [factorial(n) for n in range(6)]
[1, 1, 2, 6, 24, 120]
>>> factorial(30)
265252859812191058636308480000000
>>> factorial(-1)
Traceback (most recent call last):
    ...
ValueError: n must be >= 0

Factorials of floats are OK, but the float must be an exact integer:
>>> factorial(30.1)
Traceback (most recent call last):
    ...
ValueError: n must be exact integer
>>> factorial(30.0)
265252859812191058636308480000000

It must also not be ridiculously large:
>>> factorial(1e100)
Traceback (most recent call last):
    ...
OverflowError: n too large
"""

import math
if not n >= 0:
    raise ValueError("n must be >= 0")
if math.floor(n) != n:
    raise ValueError("n must be exact integer")
if n+1 == n:  # catch a value like 1e300
    raise OverflowError("n too large")
result = 1
factor = 2
while factor <= n:
    result *= factor
    factor += 1
return result


if __name__ == "__main__":
```

```
import doctest
doctest.testmod()
```

-v 옵션은 파일명 뒤에 입력한다는 점에 주의한다. 결과는 다음과 같다.

```
$ python 3_doctest_factorial.py -v
Trying:
    factorial(5)
Expecting:
    120
ok
Trying:
    [factorial(n) for n in range(6)]
Expecting:
    [1, 1, 2, 6, 24, 120]
ok
Trying:
    factorial(30)
Expecting:
    265252859812191058636308480000000
ok
Trying:
    factorial(-1)
Expecting:
    Traceback (most recent call last):
        ...
    ValueError: n must be >= 0
ok
...
2 items passed all tests:
   1 tests in __main__
   6 tests in __main__.factorial
7 tests in 2 items.
7 passed and 0 failed.
Test passed.
```

다음과 같이 **unittest** 모듈과 함께 실행할 수도 있다.

```
>>> import doctest
>>> import unittest
>>> import doctest_factorial
>>>
>>> suite = unittest.TestSuite()
>>> suite.addTest(doctest.DocTestSuite(doctest_factorial))
>>> runner = unittest.TextTestRunner()
>>> print(runner.run(suite))
..
----------------------------------------------------------------------
Ran 2 tests in 0.004s

OK
<unittest.runner.TextTestResult run=2 errors=0 failures=0>
```

6.3.3 pytest

외부 라이브러리인 **pytest**[18]는 사용법이 매우 쉽다. **test**로 시작하는 파일에서 **test**로 시작하는 함수를 작성하기만 하면 된다. 간단한 예를 살펴보겠다.

먼저 **pytest** 라이브러리를 설치한다.

```
$ pip install pytest
```

다음 코드를 간단하게 테스트해보자.

6장_파이썬_고급/test_pytest.py

```
def func(x):
    return x + 1

def test_answer():
    assert func(3) == 51
```

---

18 역자주_ https://docs.pytest.org

터미널의 현재 위치에서 다음 명령을 실행하면, 파일명이 **test**로 시작하는 파이썬 스크립트가 실행된다.

```
$ python -m pytest  # 또는 py.test
========================================= test session starts ========
======================================
platform darwin -- Python 3.7.0, pytest-3.7.2, py-1.5.4, pluggy-0.7.1
rootdir: /Python-and-Algorithms-and-Data-Structures/6장_파이썬_고급, inifile:
collected 1 item

test_pytest.py F
[100%]

========================================= FAILURES ===========
======================================
_____ test_answer _____
_____

    def test_answer():
>       assert func(3) == 51
E       assert 4 == 51
E        +  where 4 = func(3)

test_pytest.py:5: AssertionError
========================================= 1 failed in 0.07 seconds =====
======================================
```

다음과 같이 파일을 지정하여 실행할 수 있다.

```
$ py.test test_pytest.py
```

파이썬 디버거 pdb와 같이 실행할 수 있다.

```
$ py.test --pdb
```

알고리즘 세상 속으로

추상 데이터 타입

추상 데이터 타입[abstract data type](ADT)은 유사한 동작을 가진 자료구조의 클래스에 대한 수학적 모델을 가리킨다. 많은 추상 데이터 타입은 각기 클래스는 다르지만, 기능적으로는 동일하게 구현된 자료구조를 가질 수 있다.

자료구조는 크게 배열 기반의 **연속**[continuation] 방식과 포인터 기반의 **연결**[link] 방식으로 분류한다. 예를 들어 파이썬에서 연속적으로 할당된 자료구조(단일 메모리 슬래브[slab][1]로 구성)는 문자열, 리스트, 튜플, 딕셔너리 등이 있다. 이번 장에서는 조금 더 특화된 연속 구조의 예와 연결 구조(포인터에 연결된 메모리 청크[chunk])의 예를 살펴본다.

7.1 스택

스택[stack]은 배열의 끝에서만 데이터를 접근할 수 있는 선형 자료구조다. 스택은 배열 인덱스 접근이 제한되며, 후입선출[last in, first out](LIFO) 구조다. 책상 위에 쌓여 있는 책이나 싱크대에 쌓여 있는 접시를 연상하면 이해하기 쉽다. 스택의 동작은 다음과 같으며, 시간복잡도는 모두 $O(1)$이다.

- **push** : 스택 맨 끝(맨 위)에 항목을 삽입한다.
- **pop** : 스택 맨 끝 항목을 반환하는 동시에 제거한다.
- **top/peek** : 스택 맨 끝 항목을 조회한다.
- **empty** : 스택이 비어 있는지 확인한다.
- **size** : 스택 크기를 확인한다.

파이썬에서는 다음과 같이 리스트의 **append()**와 **pop()** 메서드로 스택을 구현할 수 있다.[2]

---

1 역자주_ 물리적으로 연속된 페이지로 구성된 연속적인 메모리 조각. *https://en.wikipedia.org/wiki/Slab_allocation*

2 역자주_ 추후에 불러올 일이 있는 코드는 파일명에서 번호를 뺀 사본을 만들어 같이 올려두었다.

```python
class Stack(object):
    def __init__(self):
        self.items = []

    def isEmpty(self):
        return not bool(self.items)

    def push(self, value):
        self.items.append(value)

    def pop(self):
        value = self.items.pop()
        if value is not None:
            return value
        else:
            print("Stack is empty.")

    def size(self):
        return len(self.items)

    def peek(self):
        if self.items:
            return self.items[-1]
        else:
            print("Stack is empty.")

    def __repr__(self):
        return repr(self.items)

if __name__ == "__main__":
    stack = Stack()
    print("스택이 비었나요? {0}".format(stack.isEmpty()))
    print("스택에 숫자 0~9를 추가합니다.")
    for i in range(10):
        stack.push(i)
    print("스택 크기: {0}".format(stack.size()))
    print("peek: {0}".format(stack.peek()))
    print("pop: {0}".format(stack.pop()))
    print("peek: {0}".format(stack.peek()))
    print("스택이 비었나요? {0}".format(stack.isEmpty()))
    print(stack)
```

```
스택이 비었나요? True
스택에 숫자 0~9를 추가합니다.
스택 크기: 10
peek: 9
pop: 9
peek: 8
스택이 비었나요? False
[0, 1, 2, 3, 4, 5, 6, 7, 8]
```

다음 코드에서는 노드(객체)의 컨테이너로 스택을 구현한다.

7장_추상_데이터_타입/2_stack_with_node.py

```python
class Node(object):
    def __init__(self, value=None, pointer=None):
        self.value = value
        self.pointer = pointer

class Stack(object):
    def __init__(self):
        self.head = None
        self.count = 0

    def isEmpty(self):
        return not bool(self.head)

    def push(self, item):
        self.head = Node(item, self.head)
        self.count += 1

    def pop(self):
        if self.count > 0 and self.head:
            node = self.head
            self.head = node.pointer
            self.count -= 1
            return node.value
        else:
            print("Stack is empty.")

    def peek(self):
```

```python
            if self.count > 0 and self.head:
                return self.head.value
            else:
                print("Stack is empty.")

    def size(self):
        return self.count

    def _printList(self):
        node = self.head
        while node:
            print(node.value, end=" ")
            node = node.pointer
        print()

if __name__ == "__main__":
    stack = Stack()
    print("스택이 비었나요? {0}".format(stack.isEmpty()))
    print("스택에 숫자 0~9를 추가합니다.")
    for i in range(10):
        stack.push(i)
    stack._printList()
    print("스택 크기: {0}".format(stack.size()))
    print("peek: {0}".format(stack.peek()))
    print("pop: {0}".format(stack.pop()))
    print("peek: {0}".format(stack.peek()))
    print("스택이 비었나요? {0}".format(stack.isEmpty()))
    stack._printList()
```

```
스택이 비었나요? True
스택에 숫자 0~9를 추가합니다.
9 8 7 6 5 4 3 2 1 0
스택 크기: 10
peek: 9
pop: 9
peek: 8
스택이 비었나요? False
8 7 6 5 4 3 2 1 0
```

스택은 깊이 우선 탐색(DFS)에서 유용하게 사용된다. 깊이 우선 탐색은 14장에서 살펴볼 것이다.

7.2 큐

큐^{queue}는 스택과 다르게 항목이 들어온 순서대로 접근 가능하다. 즉, 먼저 들어온 데이터가 먼저 나가는 선입선출^{first in, first out}(FIFO) 구조다. 큐 역시 배열의 인덱스 접근이 제한된다. 롤러코스터 타는 것을 기다리는 사람들의 줄로 생각하면 쉽다. 큐의 동작은 다음과 같으며, 시간복잡도는 모두 O(1)이다.

- **enqueue** : 큐 뒤쪽에 항목을 삽입한다.
- **dequeue** : 큐 앞쪽의 항목을 반환하고, 제거한다.
- **peek/front** : 큐 앞쪽의 항목을 조회한다.
- **empty** : 큐가 비어 있는지 확인한다.
- **size** : 큐의 크기를 확인한다.

다음 코드는 파이썬으로 큐를 구현한 예다.

7장_추상_데이터_타입/3_queue.py (queue.py)

```python
class Queue(object):
    def __init__(self):
        self.items = []

    def isEmpty(self):
        return not bool(self.items)

    def enqueue(self, item):
        self.items.insert(0, item)

    def dequeue(self):
        value = self.items.pop()
        if value is not None:
            return value
        else:
```

```python
            print("Queue is empty.")

    def size(self):
        return len(self.items)

    def peek(self):
        if self.items:
            return self.items[-1]
        else:
            print("Queue is empty.")

    def __repr__(self):
        return repr(self.items)

if __name__ == "__main__":
    queue = Queue()
    print("큐가 비었나요? {0}".format(queue.isEmpty()))
    print("큐에 숫자 0~9를 추가합니다.")
    for i in range(10):
        queue.enqueue(i)
    print("큐 크기: {0}".format(queue.size()))
    print("peek: {0}".format(queue.peek()))
    print("dequeue: {0}".format(queue.dequeue()))
    print("peek: {0}".format(queue.peek()))
    print("큐가 비었나요? {0}".format(queue.isEmpty()))
    print(queue)
```

```
큐가 비었나요? True
큐에 숫자 0~9를 추가합니다.
큐 크기: 10
peek: 0
dequeue: 0
peek: 1
큐가 비었나요? False
[9, 8, 7, 6, 5, 4, 3, 2, 1]
```

이 파이썬 코드에서는 리스트의 **insert()** 메서드를 썼지만, 이는 모든 요소가
메모리에서 이동될 수 있으므로 비효율적이다(O(n)). 두 개의 스택(두 개의 리스

트)을 사용하면 효율적인 큐를 다음과 같이 작성할 수 있다.

7장_추상_데이터_타입/4_queue_from_two_stacks.py

```python
class Queue(object):
    def __init__(self):
        self.in_stack = []
        self.out_stack = []

    def _transfer(self):
        while self.in_stack:
            self.out_stack.append(self.in_stack.pop())

    def enqueue(self, item):
        return self.in_stack.append(item)

    def dequeue(self):
        if not self.out_stack:
            self._transfer()
        if self.out_stack:
            return self.out_stack.pop()
        else:
            print("Queue is empty!")

    def size(self):
        return len(self.in_stack) + len(self.out_stack)

    def peek(self):
        if not self.out_stack:
            self._transfer()
        if self.out_stack:
            return self.out_stack[-1]
        else:
            print("Queue is empty!")

    def __repr__(self):
        if not self.out_stack:
            self._transfer()
        if self.out_stack:
            return repr(self.out_stack)
        else:
            print("Queue is empty!")
```

```python
    def isEmpty(self):
        return not (bool(self.in_stack) or bool(self.out_stack))

if __name__ == "__main__":
    queue = Queue()
    print("큐가 비었나요? {0}".format(queue.isEmpty()))
    print("큐에 숫자 0~9를 추가합니다.")
    for i in range(10):
        queue.enqueue(i)
    print("큐 크기: {0}".format(queue.size()))
    print("peek: {0}".format(queue.peek()))
    print("dequeue: {0}".format(queue.dequeue()))
    print("peek: {0}".format(queue.peek()))
    print("큐가 비었나요? {0}".format(queue.isEmpty()))
    print(queue)
```

```
큐가 비었나요? True
큐에 숫자 0~9를 추가합니다.
큐 크기: 10
peek: 0
dequeue: 0
peek: 1
큐가 비었나요? False
[9, 8, 7, 6, 5, 4, 3, 2, 1]
```

다음 코드에서는 노드(객체)의 컨테이너로 큐를 구현한다.

7장_추상_데이터_타입/5_linked_queue.py

```python
class Node(object):
    def __init__(self, value=None, pointer=None):
        self.value = value
        self.pointer = None

class LinkedQueue(object):
    def __init__(self):
        self.head = None
        self.tail = None
        self.count = 0
```

```python
    def isEmpty(self):
        return not bool(self.head)

    def dequeue(self):
        if self.head:
            value = self.head.value
            self.head = self.head.pointer
            self.count -= 1
            return value
        else:
            print("Queue is empty.")

    def enqueue(self, value):
        node = Node(value)
        if not self.head:
            self.head = node
            self.tail = node
        else:
            if self.tail:
                self.tail.pointer = node
            self.tail = node
        self.count += 1

    def size(self):
        return self.count

    def peek(self):
        return self.head.value

    def print(self):
        node = self.head
        while node:
            print(node.value, end=" ")
            node = node.pointer
        print()

if __name__ == "__main__":
    queue = LinkedQueue()
    print("큐가 비었나요? {0}".format(queue.isEmpty()))
    print("큐에 숫자 0~9를 추가합니다.")
    for i in range(10):
        queue.enqueue(i)
```

```python
print("큐가 비었나요? {0}".format(queue.isEmpty()))
queue.print()

print("큐 크기: {0}".format(queue.size()))
print("peek: {0}".format(queue.peek()))
print("dequeue: {0}".format(queue.dequeue()))
print("peek: {0}".format(queue.peek()))
queue.print()
```

```
큐가 비었나요? True
큐에 숫자 0~9를 추가합니다.
큐가 비었나요? False
0 1 2 3 4 5 6 7 8 9
큐 크기: 10
peek: 0
dequeue: 0
peek: 1
1 2 3 4 5 6 7 8 9
```

큐는 너비 우선 탐색(BFS)에서 사용된다. 너비 우선 탐색도 14장에서 살펴본다.

7.3 데크

데크^{deque}는 스택과 큐의 결합체로 볼 수 있다. 양쪽 끝에서 항목의 조회, 삽입, 삭제가 가능하다. 앞에서 구현한 큐(*queue.py*)를 바탕으로 다음과 같이 구현할 수 있다.[3]

7장_추상_데이터_타입/6_deque.py (deque.py)

```python
from queue import Queue

class Deque(Queue):
    def enqueue_back(self, item):
```

---

3 역자주_ 주피터 노트북 같은 환경에서 실습한다면 파이썬의 내장 queue 모듈을 사용하지 않도록 import문은 삭제해야 한다. 데크를 사용하는 '7.7.2 큐' 예제도 마찬가지다.

```
            self.items.append(item)

    def dequeue_front(self):
        value = self.items.pop(0)
        if value is not None:
            return value
        else:
            print("Deque is empty.")


if __name__ == "__main__":
    deque = Deque()
    print("데크(Deque)가 비었나요? {0}".format(deque.isEmpty()))
    print("데크에 숫자 0~9를 추가합니다.")
    for i in range(10):
        deque.enqueue(i)
    print("데크 크기: {0}".format(deque.size()))
    print("peek: {0}".format(deque.peek()))
    print("dequeue: {0}".format(deque.dequeue()))
    print("peek: {0}".format(deque.peek()))
    print("데크가 비었나요? {0}".format(deque.isEmpty()))
    print()
    print("데크: {0}".format(deque))
    print("dequeue: {0}".format(deque.dequeue_front()))
    print("peek: {0}".format(deque.peek()))
    print("데크: {0}".format(deque))
    print("enqueue_back(50)을 수행합니다.")
    deque.enqueue_back(50)
    print("peek: {0}".format(deque.peek()))
    print("데크: {0}".format(deque))
```

```
데크(Deque)가 비었나요? True
데크에 숫자 0~9를 추가합니다.
데크 크기: 10
peek: 0
dequeue: 0
peek: 1
데크가 비었나요? False

데크: [9, 8, 7, 6, 5, 4, 3, 2, 1]
dequeue: 9
```

```
peek: 1
데크: [8, 7, 6, 5, 4, 3, 2, 1]
enqueue_back(50)을 수행합니다.
peek: 50
데크: [8, 7, 6, 5, 4, 3, 2, 1, 50]
```

이 코드 역시 끝이 아닌 다른 위치에 있는 항목을 삽입하거나 제거할 때는 비효율적이다(*queue.py* 코드에서 리스트의 `insert()` 메서드를 사용하기 때문). 파이썬에서 제공하는 `collections` 패키지의 `deque` 모듈을 사용하면 이 문제가 해결된다.

```
>>> from collections import deque
>>> q = deque(["버피", "잰더", "윌로"])
>>> q
deque(['버피', '잰더', '윌로'])
>>> q.append("자일스")
>>> q
deque(['버피', '잰더', '윌로', '자일스'])
>>> q.popleft()
'버피'
>>> q.pop()
'자일스'
>>> q
deque(['잰더', '윌로'])
>>> q.appendleft('엔젤')
>>> q
deque(['엔젤', '잰더', '윌로'])
```

`deque` 모듈을 사용하면 `q = deque(maxlen=4)` 같은 식으로 데크의 크기를 지정할 수 있다. 또한 흥미롭게도 `rotate(n)` 메서드는 n이 양수이면 오른쪽으로, n이 음수이면 왼쪽으로 n만큼 시프트시킨다.

```
>>> # (위 코드에서 계속..)
>>> q
deque(['엔젤', '잰더', '윌로'])
```

```
>>> q.rotate(1)
>>> q
deque(['윌로', '엔젤', '잰더'])
>>> q.rotate(2)
>>> q
deque(['엔젤', '잰더', '윌로'])
>>> q.rotate(3)
>>> q
deque(['엔젤', '잰더', '윌로'])
>>> q.rotate(4)
>>> q
deque(['윌로', '엔젤', '잰더'])
>>> q.rotate(-1)
>>> q
deque(['엔젤', '잰더', '윌로'])
>>> q.rotate(-2)
>>> q
deque(['윌로', '엔젤', '잰더'])
```

collections 패키지의 deque 모듈은 동적 배열이 아닌 이중 연결 리스트(7.5 '연결 리스트'에서 살펴본다)를 기반으로 한다는 점도 기억해두자.

7.4 우선순위 큐와 힙

우선순위 큐$^{priority\ queue}$는 일반 스택과 큐와 비슷한 추상 데이터 타입이지만, 각 항목마다 연관된 우선순위가 있다. 두 항목의 우선순위가 같으면 큐의 순서를 따른다. 우선순위 큐는 힙을 사용하여 구현한다. 따라서 힙을 먼저 살펴보겠다.

7.4.1 힙

힙^{heap}은 각 노드가 하위 노드보다 작은(또는 큰) 이진 트리(13장에서 살펴본다)다. 균형 트리의 모양이 수정될 때, 다시 이를 균형 트리로 만드는 시간복잡도는 O(log n)이다. 힙은 일반적으로, 리스트에서 가장 작은(또는 가장 큰) 요소에 반복적으로 접근하는 프로그램에 유용하다. 최소(또는 최대) 힙을 사용하면 가장 작은(또는 가장 큰) 요소를 처리하는 시간복잡도는 O(1)이고, 그 외의 조회, 추가, 수정을 처리하는 시간복잡도는 O(log n)이다.

7.4.2 heapq 모듈

heapq 모듈은 효율적으로 시퀀스를 힙으로 유지하면서 항목을 삽입하고 제거하는 함수를 제공한다. 다음과 같이 heapq.heapify() 함수[4]를 사용하면 O(n) 시간에 리스트를 힙으로 변환할 수 있다.

```
>>> import heapq
>>> list1 = [4, 6, 8, 1]
>>> heapq.heapify(list1)
>>> list1
[1, 4, 8, 6]
```

항목을 힙에 삽입할 때는 heapq.heappush(heap, item)을 사용한다.

```
>>> h = []
>>> heapq.heappush(h, (1, 'food'))
>>> heapq.heappush(h, (2, 'have fun'))
>>> heapq.heappush(h, (3, 'work'))
>>> heapq.heappush(h, (4, 'study'))
>>> h
[(1, 'food'), (2, 'have fun'), (3, 'work'), (4, 'study')]
```

heapq.heappop(heap) 함수는 힙에서 가장 작은 항목을 제거하고 반환한다[pop].

```
>>> list1
[1, 4, 8, 6]
>>> heapq.heappop(list1)
1
>>> list1
```

---

4   역자주_ https://docs.python.org/3/library/heapq.html#heapq.heapify

[4, 6, 8]

---

heapq.heappushpop(heap, item)은 새 항목을 힙에 추가한 후[push], 가장 작은 항목을 제거하고 반환한다[pop]. heapq.heapreplace(heap, item)는 힙의 가장 작은 항목을 제거하고 반환한 후[pop], 새 항목을 추가한다[push]. heappush() 와 heappop() 메서드를 따로 사용하는 것보다 한 번에 heappushpop() 혹은 heapreplace() 메서드를 사용하는 것이 더 효율적이다.

힙의 속성을 사용하면 많은 연산을 할 수 있다. 예를 들어 heapq.merge (*iterables)는 여러 개의 정렬된 반복 가능한 객체를 병합하여 하나의 정렬된 결과의 이터레이터를 반환한다.

```
>>> for x in heapq.merge([1,3,5],[2,4,6]):
...     print(x)
...
1
2
3
4
5
6
```

heapq.nlargest(n, iterable[, key])와 heapq.nsmallest(n, iterable [, key])는 데이터(반복 가능한 객체에 의해 정의된)에서 n개의 가장 큰 요소와 가장 작은 요소가 있는 리스트를 반환한다.

7.4.3 최대 힙 구현하기

힙 클래스를 직접 만들기 위해 먼저 heapq 모듈의 heapify() 함수를 구현해보자.[5] 최대 힙[max-heap]을 예시로 리스트 [3, 2, 5, 1, 7, 8, 2]를 힙으로 만들어보겠

---

5 역자주_ 파이썬 표준 라이브러리에 구현된 코드는 다음 주소에서 볼 수 있다. *https://github.com/python/cpython/ blob/3.7/Lib/heapq.py*

다. 먼저, 리스트를 트리로 표현한다.

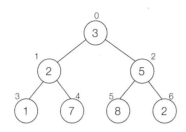

여기서 인덱스 0의 자식은 인덱스 1, 2이고, 1의 자식은 3, 4이고 2의 자식은 5,
6이다. 또한 노드 i의 왼쪽 자식 노드의 인덱스는 $(i \times 2) + 1$이고, i의 오른쪽 자
식 노드의 인덱스는 $(i \times 2) + 2$다.

전체 배열의 길이를 반으로 나누는 것으로 시작해보자. 7 // 2의 결과는 3이다.
여기부터 1씩 감소한다.

1) 인덱스가 3일 때, 자식이 없으므로 넘어간다.

2) 인덱스가 2일 때, 자식이 있고 값 5보다 큰 값 8이 존재하므로, 인덱스 2와
   5의 값을 교환한다. 교환한 인덱스 5를 다시 자식들과 비교하는데 자식이
   없으므로 넘어간다.

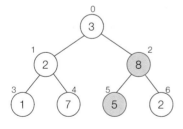

3) 인덱스가 1일 때, 값 2보다 큰 값 7인 자식이 존재하므로, 인덱스 1과 4의
   값을 교환한다. 교환한 인덱스 4를 다시 자식들과 비교하는데 자식이 없으
   므로 넘어간다.

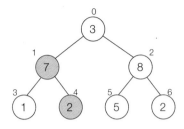

4) 인덱스가 0일 때, 값 3보다 큰 값 8인 자식이 존재하므로, 인덱스 0과 2의
값을 교환한다.

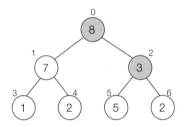

4-1) 교환한 인덱스 2의 자식에서 값 3보다 큰 값 5가 존재하므로 인덱스 2와
5의 값을 교환한다. 교환한 인덱스 5의 자식이 없으므로 넘어간다.

5) 인덱스 0까지 비교를 마쳤으므로 프로그램을 종료한다.

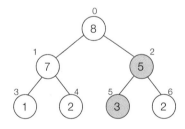

이상을 코드로 구현하면 다음과 같다.

7장_추상_데이터_타입/7_max_heapify.py

```python
class Heapify(object):
    def __init__(self, data=None):
```

```python
        self.data = data or []
        for i in range(len(data)//2, -1, -1):
            self.__max_heapify__(i)

    def __repr__(self):
        return repr(self.data)

    def parent(self, i):
        if i & 1:
            return i >> 1
        else:
            return (i >> 1) - 1

    def left_child(self, i):
        return (i << 1) + 1

    def right_child(self, i):
        return (i << 1) + 2

    def __max_heapify__(self, i):
        largest = i  # 현재 노드
        left = self.left_child(i)
        right = self.right_child(i)
        n = len(self.data)

        # 왼쪽 자식
        largest = (left < n and self.data[left] > self.data[i]) and left or i
        # 오른쪽 자식
        largest = (right < n and self.data[right] > self.data[largest]) and \
            right or largest

        # 현재 노드가 자식들보다 크다면 Skip, 자식이 크다면 Swap
        if i is not largest:
            self.data[i], self.data[largest] = self.data[largest], self.data[i]
            # print(self.data)
            self.__max_heapify__(largest)

    def extract_max(self):
        n = len(self.data)
        max_element = self.data[0]
```

```
        # 첫 번째 노드에 마지막 노드를 삽입
        self.data[0] = self.data[n - 1]
        self.data = self.data[:n - 1]
        self.__max_heapify__(0)
        return max_element

    def insert(self, item):
        i = len(self.data)
        self.data.append(item)
        while (i != 0) and item > self.data[self.parent(i)]:
            print(self.data)
            self.data[i] = self.data[self.parent(i)]
            i = self.parent(i)
        self.data[i] = item

def test_heapify():
    l1 = [3, 2, 5, 1, 7, 8, 2]
    h = Heapify(l1)
    assert(h.extract_max() == 8)
    print("테스트 통과!")

if __name__ == "__main__":
    test_heapify()
```

테스트 통과!

이 코드에서 구현된 것처럼 최대 힙에서 최댓값 추출 및 삭제 과정은 다음과 같다.

1) 힙의 루트 노드 값을 따로 저장한 다음(나중에 이를 반환한다) 마지막 노드의 값을 대입한 후, 마지막 노드를 삭제한다.

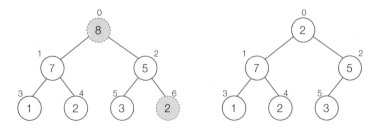

2) 인덱스 0일 때 값 2보다 큰 값 7이 있으므로, 인덱스 0과 1의 값을 교환한다. 교환한 인덱스 1에서 값 2보다 큰 값이 없으므로, 프로그램을 종료한다.

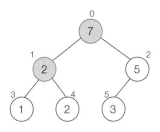

7.4.4 우선순위 큐 구현하기

마무리로 heapq 모듈을 사용하여 우선순위 큐 클래스를 구현해보겠다. 숫자가 클수록 우선순위가 높다.

7장_추상_데이터_타입/8_priority_queue.py

```
import heapq

class PriorityQueue(object):
    def __init__(self):
        self._queue = []
        self._index = 0

    def push(self, item, priority):
        heapq.heappush(self._queue, (-priority, self._index, item))
        self._index += 1

    def pop(self):
        return heapq.heappop(self._queue)[-1]

class Item:
    def __init__(self, name):
        self.name = name

    def __repr__(self):
        return "Item({0!r})".format(self.name)
```

```
def test_priority_queue():
    ''' push와 pop은 모두 O(logN)이다. '''
    q = PriorityQueue()
    q.push(Item('test1'), 1)
    q.push(Item('test2'), 4)
    q.push(Item('test3'), 3)
    assert(str(q.pop()) == "Item('test2')")
    print("테스트 통과!")

if __name__ == "__main__":
    test_priority_queue()
```

테스트 통과!

7.5 연결 리스트

연결 리스트linked list는 값과 다음 노드에 대한 포인터(참조)가 포함된 노드로 이루어진 선형 리스트다. 마지막 노드는 null 값(파이썬에서는 **None**)을 갖는다. 또한, 연결 리스트로 스택(새 항목을 헤드head에 추가)과 큐(새 항목을 테일tail에 추가)를 구현할 수 있다.

다음 노드 클래스 예제를 살펴보자.

7장_추상_데이터_타입/9_node.py (node.py)

```
class Node(object):
    def __init__(self, value=None, pointer=None):
        self.value = value
        self.pointer = pointer

    def getData(self):
        return self.value

    def getNext(self):
        return self.pointer
```

```python
    def setData(self, newdata):
        self.value = newdata

    def setNext(self, newpointer):
        self.pointer = newpointer

if __name__ == "__main__":
    L = Node("a", Node("b", Node("c", Node("d"))))
    assert(L.pointer.pointer.value=="c")

    print(L.getData())
    print(L.getNext().getData())
    L.setData("aa")
    L.setNext(Node("e"))
    print(L.getData())
    print(L.getNext().getData())
```

```
a
b
aa
e
```

이 노드들로 이루어진 후입선출(LIFO) 연결 리스트를 구현해보자.

7장_추상_데이터_타입/10_linkedlist_LIFO.py

```python
from node import Node

class LinkedListLIFO(object):
    def __init__(self):
        self.head = None
        self.length = 0

    # 헤드부터 각 노드의 값을 출력한다.
    def _printList(self):
        node = self.head
        while node:
            print(node.value, end=" ")
```

```
            node = node.pointer
        print()


    # 이전 노드(prev)를 기반으로 노드(node)를 삭제한다.
    def _delete(self, prev, node):
        self.length -= 1
        if not prev:
            self.head = node.pointer
        else:
            prev.pointer = node.pointer


    # 새 노드를 추가한다. 다음 노드로 헤드를 가리키고,
    # 헤드는 새 노드를 가리킨다.
    def _add(self, value):
        self.length += 1
        self.head = Node(value, self.head)


    # 인덱스로 노드를 찾는다.
    def _find(self, index):
        prev = None
        node = self.head
        i = 0
        while node and i < index:
            prev = node
            node = node.pointer
            i += 1
        return node, prev, i


    # 값으로 노드를 찾는다.
    def _find_by_value(self, value):
        prev = None
        node = self.head
        found = False
        while node and not found:
            if node.value == value:
                found = True
            else:
                prev = node
                node = node.pointer
        return node, prev, found


    # 인덱스에 해당하는 노드를 찾아서 삭제한다.
```

```python
    def deleteNode(self, index):
        node, prev, i = self._find(index)
        if index == i:
            self._delete(prev, node)
        else:
            print(f"인덱스 {index}에 해당하는 노드가 없습니다.")

    # 값에 해당하는 노드를 찾아서 삭제한다.
    def deleteNodeByValue(self, value):
        node, prev, found = self._find_by_value(value)
        if found:
            self._delete(prev, node)
        else:
            print(f"값 {value}에 해당하는 노드가 없습니다.")

if __name__ == "__main__":
    ll = LinkedListLIFO()
    for i in range(1, 5):
        ll._add(i)
    print("연결 리스트 출력:")
    ll._printList()
    print("인덱스가 2인 노드 삭제 후, 연결 리스트 출력:")
    ll.deleteNode(2)
    ll._printList()
    print("값이 3인 노드 삭제 후, 연결 리스트 출력:")
    ll.deleteNodeByValue(3)
    ll._printList()
    print("값이 15인 노드 추가 후, 연결 리스트 출력:")
    ll._add(15)
    ll._printList()
    print("모든 노드 모두 삭제 후, 연결 리스트 출력:")
    for i in range(ll.length-1, -1, -1):
        ll.deleteNode(i)
    ll._printList()
```

```
연결 리스트 출력:
4 3 2 1
인덱스가 2인 노드 삭제 후, 연결 리스트 출력:
4 3 1
값이 3인 노드 삭제 후, 연결 리스트 출력:
```

```
4 1
값이 15인 노드 추가 후, 연결 리스트 출력:
15 4 1
모든 노드 모두 삭제 후, 연결 리스트 출력:
```

이번에는 선입선출(FIFO) 형식의 연결 리스트도 구현해보자.

7장_추상_데이터_타입/11_linkedlist_FIFO.py (linkedlistFIFO.py)

```python
from node import Node

class LinkedListFIFO(object):
    def __init__(self):
        self.head = None # 헤드(머리)
        self.length = 0
        self.tail = None # 테일(꼬리)

    # 헤드부터 각 노드의 값을 출력한다.
    def _printList(self):
        node = self.head
        while node:
            print(node.value, end=" ")
            node = node.pointer
        print()

    # 첫 번째 위치에 노드를 추가한다.
    def _addFirst(self, value):
        self.length = 1
        node = Node(value)
        self.head = node
        self.tail = node

    # 첫 번째 위치의 노드를 삭제한다.
    def _deleteFirst(self):
        self.length = 0
        self.head = None
        self.tail = None
        print("연결 리스트가 비었습니다.")

    # 새 노드를 추가한다. 테일이 있다면, 테일의 다음 노드는
```

```python
# 새 노드를 가리키고, 테일은 새 노드를 가리킨다.
def _add(self, value):
    self.length += 1
    node = Node(value)
    if self.tail:
        self.tail.pointer = node
    self.tail = node

# 새 노드를 추가한다.
def addNode(self, value):
    if not self.head:
        self._addFirst(value)
    else:
        self._add(value)

# 인덱스로 노드를 찾는다.
def _find(self, index):
    prev = None
    node = self.head
    i = 0
    while node and i < index:
        prev = node
        node = node.pointer
        i += 1
    return node, prev, i

# 값으로 노드를 찾는다.
def _find_by_value(self, value):
    prev = None
    node = self.head
    found = False
    while node and not found:
        if node.value == value:
            found = True
        else:
            prev = node
            node = node.pointer
    return node, prev, found

# 인덱스에 해당하는 노드를 삭제한다.
def deleteNode(self, index):
    if not self.head or not self.head.pointer:
```

```python
                self._deleteFirst()
        else:
            node, prev, i = self._find(index)
            if i == index and node:
                self.length -= 1
                if i == 0 or not prev :
                    self.head = node.pointer
                    self.tail = node.pointer
                else:
                    prev.pointer = node.pointer
            else:
                print("인덱스 {0}에 해당하는 노드가 없습니다.".format(index))

    # 값에 해당하는 노드를 삭제한다.
    def deleteNodeByValue(self, value):
        if not self.head or not self.head.pointer:
            self._deleteFirst()
        else:
            node, prev, i = self._find_by_value(value)
            if node and node.value == value:
                self.length -= 1
                if i == 0 or not prev :
                    self.head = node.pointer
                    self.tail = node.pointer
                else:
                    prev.pointer = node.pointer
            else:
                print("값 {0}에 해당하는 노드가 없습니다.".format(value))


if __name__ == "__main__":
    ll = LinkedListFIFO()
    for i in range(1, 5):
        ll.addNode(i)
    print("연결 리스트 출력:")
    ll._printList()
    print("인덱스가 2인 노드 삭제 후, 연결 리스트 출력:")
    ll.deleteNode(2)
    ll._printList()
    print("값이 15인 노드 추가 후, 연결 리스트 출력:")
    ll.addNode(15)
    ll._printList()
```

```
print("모든 노드 모두 삭제 후, 연결 리스트 출력:")
for i in range(ll.length-1, -1, -1):
    ll.deleteNode(i)
ll._printList()
```

연결 리스트 출력:
1 2 3 4
인덱스가 2인 노드 삭제 후, 연결 리스트 출력:
1 2 4
값이 15인 노드 추가 후, 연결 리스트 출력:
1 2 4 15
모든 노드 모두 삭제 후, 연결 리스트 출력:
연결 리스트가 비었습니다.

연결 리스트의 크기는 동적일 수 있다. 따라서 런타임에 저장할 항목의 수를 알 수 없을 때 유용하다. 연결 리스트의 삽입 시간복잡도는 O(1)이다.[6] 연결 리스트는 순차적으로 항목을 검색하므로, 검색 및 삭제의 시간복잡도는 O(n)이다. 연결 리스트를 뒤부터 순회하거나 정렬하는 최악의 경우 시간복잡도는 $O(n^2)$이다. 만약 어떤 노드의 포인터를 알고 있을 때 그 노드를 삭제한다면, 삭제 시간복잡도는 O(1)이 될 수 있다. 해당 노드의 값에 다음 노드의 값을 할당하고, 해당 노드의 포인터는 다음 다음의 노드를 가리키게 하면 되기 때문이다. 이 경우는 다음과 같이 삭제 코드를 작성할 수 있다.

```
if node.pointer is not None:
    node.value = node.pointer.value
    node.pointer = node.pointer.pointer
else:
    node = None
```

---

6 역자주_ 특정 인덱스에 항목을 삽입할 때의 시간복잡도는 O(n)이다.

7.6 해시 테이블

해시 테이블hash table은 키key를 값value에 연결하여, 하나의 키가 0 또는 1개의 값과 연관된다. 각 키는 해시 함수hash function를 계산할 수 있어야 한다. 해시 테이블은 해시 버킷hash bucket의 배열로 구성된다. 예를 들어 해시 값이 42이고 5개의 버킷이 있는 경우 나머지 연산mod을 사용하여, 버킷 2(= 42 mod 5)에 매핑한다.

두 개의 키가 동일한 버킷에 해시될 때, 문제가 발생한다. 이를 **해시 충돌**hash collision 이라고 한다. 이를 처리하는 한 가지 방법은, 각 버킷에 대해 키-값 쌍의 연결 리스트를 저장하는 것이다.

해시 테이블의 조회, 삽입, 삭제의 시간복잡도는 O(1)이다. 최악의 경우 각 키가 동일한 버킷으로 해시된다면(해시 충돌이 발생한다면), 각 작업의 시간복잡도는 O(n)이다. 간단하게 해시 테이블을 구현하는 다음 코드를 살펴보자.

7장_추상_데이터_타입/12_hash_table.py

```python
from linkedListFIFO import LinkedListFIFO

class HashTableLL(object):
    def __init__(self, size):
        self.size = size
        self.slots = []
        self._createHashTable()

    def _createHashTable(self):
        for i in range(self.size):
            self.slots.append(LinkedListFIFO())

    def _find(self, item):
        return item % self.size

    def _add(self, item):
        index = self._find(item)
        self.slots[index].addNode(item)

    def _delete(self, item):
```

```
            index = self._find(item)
            self.slots[index].deleteNodeByValue(item)

        def _print(self):
            for i in range(self.size):
                print("슬롯(slot) {0}:".format(i))
                self.slots[i]._printList()

def test_hash_tables():
    H1 = HashTableLL(3)
    for i in range(0, 20):
        H1._add(i)
    H1._print()
    print("\n항목 0,1,2를 삭제합니다.")
    H1._delete(0)
    H1._delete(1)
    H1._delete(2)
    H1._print()

if __name__ == "__main__":
    test_hash_tables()
```

```
슬롯(slot) 0:
0 3 6 9 12 15 18
슬롯(slot) 1:
1 4 7 10 13 16 19
슬롯(slot) 2:
2 5 8 11 14 17

항목 0, 1, 2를 삭제합니다.
슬롯(slot) 0:
3 6 9 12 15 18
슬롯(slot) 1:
4 7 10 13 16 19
슬롯(slot) 2:
5 8 11 14 17
```

7.7 연습문제

7.7.1 스택

문자열 반전하기

스택은 데이터를 역순으로 정렬하거나 검색할 때 사용할 수 있다. 앞에서 구현한
1_stack.py 코드의 **Stack** 클래스를 사용하여 문자열을 뒤집어보자.

7장_추상_데이터_타입/reverse_string_with_stack.py

```python
from stack import Stack

def reverse_string_with_stack(str1):
    s = Stack()
    revStr = ''

    for c in str1:
        s.push(c)

    while not s.isEmpty():
        revStr += s.pop()

    return revStr

if __name__ == "__main__":
    str1 = '버피는 천사다.'
    print(str1)
    print(reverse_string_with_stack(str1))
```

```
버피는 천사다.
.다사천 는피버
```

괄호의 짝 확인하기

스택을 사용하면 괄호의 균형이 맞는지(여는 괄호와 닫는 괄호의 수가 일치하는

지) 쉽게 확인할 수 있다.

7장_추상_데이터_타입/14_balance_parenthesis_str_stack.py

```python
from stack import Stack

def balance_par_str_with_stack(str1):
    s = Stack()
    balanced = True
    index = 0

    while index < len(str1) and balanced:
        symbol = str1[index]

        if symbol == "(":
            s.push(symbol)

        else:
            if s.isEmpty():
                balanced = False
            else:
                s.pop()

        index = index + 1

    if balanced and s.isEmpty():
        return True

    else:
        return False

if __name__ == "__main__":
    print(balance_par_str_with_stack('((()))'))
    print(balance_par_str_with_stack('(()'))
```

```
True
False
```

10진수를 2진수로 변환하기

스택을 사용하여 10진수를 2진수로 변환해보자.

7장_추상_데이터_타입/15_dec2bin_with_stack.py

```
from stack import Stack

def dec2bin_with_stack(decnum):
    s = Stack()
    str_aux = ""

    while decnum > 0:
        dig = decnum % 2
        decnum = decnum // 2
        s.push(dig)

    while not s.isEmpty():
        str_aux += str(s.pop())

    return str_aux

if __name__ == "__main__":
    decnum = 9
    print(dec2bin_with_stack(decnum))
```

```
1001
```

스택에서 최솟값 O(1)로 조회하기

스택에서 최솟값을 조회하려면 어떻게 할까? 모든 요소를 조회할 필요 없이 $O(1)$
로 조회하는 방법은 없을까? 다음 코드를 살펴보자.

7장_추상_데이터_타입/16_stack_with_min.py

```
from stack import Stack


class NodeWithMin(object):
```

```python
    def __init__(self, value=None, minimum=None):
        self.value = value
        self.minimum = minimum


class StackMin(Stack):
    def __init__(self):
        self.items = []
        self.minimum = None

    def push(self, value):
        if self.isEmpty() or self.minimum > value:
            self.minimum = value
        self.items.append(NodeWithMin(value, self.minimum))

    def peek(self):
        return self.items[-1].value

    def peekMinimum(self):
        return self.items[-1].minimum

    def pop(self):
        item = self.items.pop()
        if item:
            if item.value == self.minimum:
                self.minimum = self.peekMinimum()
            return item.value
        else:
            print("Stack is empty.")

    def __repr__(self):
        aux = []
        for i in self.items:
            aux.append(i.value)
        return repr(aux)

if __name__ == "__main__":
    stack = StackMin()
    print("스택이 비었나요? {0}".format(stack.isEmpty()))
    print("스택에 숫자 10~1과 1~4를 추가합니다.")
    for i in range(10, 0, -1):
        stack.push(i)
```

```
for i in range(1, 5):
    stack.push(i)
print(stack)

print("스택 크기: {0}".format(stack.size()))
print("peek: {0}".format(stack.peek()))
print("peekMinimum: {0}".format(stack.peekMinimum()))
print("pop: {0}".format(stack.pop()))
print("peek: {0}".format(stack.peek()))
print("peekMinimum: {0}".format(stack.peekMinimum()))
print("스택이 비었나요? {0}".format(stack.isEmpty()))
print(stack)
```

```
스택이 비었나요? True
스택에 숫자 10~1과 1~4를 추가합니다.
[10, 9, 8, 7, 6, 5, 4, 3, 2, 1, 1, 2, 3, 4]
스택 크기: 14
peek: 4
peekMinimum: 1
pop: 4
peek: 3
peekMinimum: 1
스택이 비었나요? False
[10, 9, 8, 7, 6, 5, 4, 3, 2, 1, 1, 2, 3]
```

스택 집합

스택에 '용량'이 정해져 있다고 하자. 한 스택의 용량이 초과하면, 새 스택을 만들어야 한다. 이 경우 여러 스택이 있게 될 텐데, 이 스택 집합에서도 단일 스택과 같이 push()와 pop() 메서드를 사용하려면 어떻게 해야 할까?

7장_추상_데이터_타입/17_set_of_stacks.py

```
from stack import Stack

class SetOfStacks(Stack):
    def __init__(self, capacity=4):
        self.setofstacks = []
```

```python
        self.items = []
        self.capacity = capacity

    def push(self, value):
        if self.size() >= self.capacity:
            self.setofstacks.append(self.items)
            self.items = []
        self.items.append(value)

    def pop(self):
        value = self.items.pop()
        if self.isEmpty() and self.setofstacks:
            self.items = self.setofstacks.pop()
        return value

    def sizeStack(self):
        return len(self.setofstacks) * self.capacity + self.size()

    def __repr__(self):
        aux = []
        for s in self.setofstacks:
            aux.extend(s)
        aux.extend(self.items)
        return repr(aux)

if __name__ == "__main__":
    capacity = 5
    stack = SetOfStacks(capacity)
    print("스택이 비었나요? {0}".format(stack.isEmpty()))
    print("스택에 숫자 0~9를 추가합니다.")
    for i in range(10):
        stack.push(i)
    print(stack)
    print("스택 크기: {0}".format(stack.sizeStack()))
    print("peek: {0}".format(stack.peek()))
    print("pop: {0}".format(stack.pop()))
    print("peek: {0}".format(stack.peek()))
    print("스택이 비었나요? {0}".format(stack.isEmpty()))
    print(stack)
```

```
스택이 비었나요? True
스택에 숫자 0~9를 추가합니다.
[0, 1, 2, 3, 4, 5, 6, 7, 8, 9]
스택 크기: 10
peek: 9
pop: 9
peek: 8
스택이 비었나요? False
[0, 1, 2, 3, 4, 5, 6, 7, 8]
```

7.7.2 큐

데크와 회문

데크를 사용하면 문장이 회문('2.6.5 회문' 참조)인지 쉽게 확인할 수 있다.

7장_추상_데이터_타입/18_palindrome_checker_with_deque.py

```python
import string
import collections

from deque import Deque


STRIP = string.whitespace + string.punctuation + "\"'"


def palindrome_checker_with_deque(str1):
    d1 = Deque()
    d2 = collections.deque()

    for s in str1.lower():
        if s not in STRIP:
            d2.append(s)
            d1.enqueue(s)

    eq1 = True
    while d1.size() > 1 and eq1:
        if d1.dequeue_front() != d1.dequeue():
```

```
            eq1 = False

        eq2 = True
        while len(d2) > 1 and eq2:
            if d2.pop() != d2.popleft():
                eq2 = False

        return eq1, eq2

if __name__ == "__main__":
    str1 = "Madam Im Adam"
    str2 = "Buffy is a Slayer"
    print(palindrome_checker_with_deque(str1))
    print(palindrome_checker_with_deque(str2))
```

```
(True, True)
(False, False)
```

앞의 코드에서는 비교를 위해 d1은 '7.3 데크'에서 본 6_deque.py 코드를 사용했
고, d2는 collections 패키지의 deque 모듈을 사용했다.

큐와 동물 보호소

개와 고양이를 입양enqueue했다가 다시 출양dequeue하는 동물 보호소를 큐로 구현해
보자. 동물 보호소는 개와 고양이를 지정하여 입출양할 수 있어야 한다.

7장_추상_데이터_타입/19_animal_shelter.py

```
class Node(object):
    def __init__(self, animalName=None, animalKind=None, pointer=None):
        self.animalName = animalName
        self.animalKind = animalKind
        self.pointer = pointer
        self.timestamp = 0


class AnimalShelter(object):
    def __init__(self):
```

```python
        self.headCat = None
        self.headDog = None
        self.tailCat = None
        self.tailDog = None
        self.animalNumber = 0

    def enqueue(self, animalName, animalKind):
        self.animalNumber += 1
        newAnimal = Node(animalName, animalKind)
        newAnimal.timestamp = self.animalNumber

        if animalKind == "cat":
            if not self.headCat:
                self.headCat = newAnimal
            if self.tailCat:
                self.tailCat.pointer = newAnimal
            self.tailCat = newAnimal

        elif animalKind == "dog":
            if not self.headDog:
                self.headDog = newAnimal
            if self.tailDog:
                self.tailDog.pointer = newAnimal
            self.tailDog = newAnimal

    def dequeueDog(self):
        if self.headDog:
            newAnimal = self.headDog
            self.headDog = newAnimal.pointer
            return str(newAnimal.animalName)
        else:
            print("개가 없습니다!")

    def dequeueCat(self):
        if self.headCat:
            newAnimal = self.headCat
            self.headCat = newAnimal.pointer
            return str(newAnimal.animalName)
        else:
            print("고양이가 없습니다!")

    def dequeueAny(self):
```

```python
            if self.headCat and not self.headDog:
                return self.dequeueCat()
            elif self.headDog and not self.headCat:
                return self.dequeueDog()
            elif self.headDog and self.headCat:
                if self.headDog.timestamp < self.headCat.timestamp:
                    return self.dequeueDog()
                else:
                    return self.dequeueCat()
            else:
                print("동물이 없습니다.")

    def _print(self):
        print("고양이:")
        cats = self.headCat
        while cats:
            print("\t{0}".format(cats.animalName))
            cats = cats.pointer
        print("개:")
        dogs = self.headDog
        while dogs:
            print("\t{0}".format(dogs.animalName))
            dogs = dogs.pointer


if __name__ == "__main__":
    qs = AnimalShelter()
    qs.enqueue("밥", "cat")
    qs.enqueue("미아", "cat")
    qs.enqueue("요다", "dog")
    qs.enqueue("울프", "dog")
    qs._print()

    print("하나의 개와 고양이에 대해서 dequeue를 실행합니다.")
    qs.dequeueDog()
    qs.dequeueCat()
    qs._print()
```

```
고양이:
    밥
```

```
    미아
개:
    요다
    울프
하나의 개와 고양이에 대해서 dequeue를 실행합니다.
고양이:
    미아
개:
    울프
```

7.7.3 우선순위 큐와 힙

파이썬에서 제공하는 heapq 모듈을 사용하여 시퀀스에서 N개의 가장 큰 항목과
가장 작은 항목을 찾아보자.

7장_추상_데이터_타입/20_find_N_largest_smallest_items_seq.py

```python
import heapq


def find_N_largest_items_seq(seq, N):
    return heapq.nlargest(N, seq)

def find_N_smallest_items_seq(seq, N):
    return heapq.nsmallest(N, seq)

def find_smallest_items_seq_heap(seq):
    heapq.heapify(seq)
    return heapq.heappop(seq)

def find_smallest_items_seq(seq):
    return min(seq)

def find_N_smallest_items_seq_sorted(seq, N):
    return sorted(seq)[:N]

def find_N_largest_items_seq_sorted(seq, N):
    return sorted(seq)[len(seq)-N:]
```

```
def test_find_N_largest_smallest_items_seq():
    seq = [1, 3, 2, 8, 6, 10, 9]
    N = 3
    assert(find_N_largest_items_seq(seq, N) == [10, 9, 8])
    assert(find_N_largest_items_seq_sorted(seq, N) == [8, 9, 10])
    assert(find_N_smallest_items_seq(seq, N) == [1,2,3])
    assert(find_N_smallest_items_seq_sorted(seq, N) == [1,2,3])
    assert(find_smallest_items_seq(seq) == 1)
    assert(find_smallest_items_seq_heap(seq) == 1)

    print("테스트 통과!")

if __name__ == "__main__":
    test_find_N_largest_smallest_items_seq()
```

테스트 통과!

이번에는 **heapq** 모듈을 사용하여 정렬된 두 시퀀스를 적은 비용으로 병합해보자.

7장_추상_데이터_타입/21_merge_sorted_seqs.py

```
import heapq

def merge_sorted_seqs(seq1, seq2):
    result = []
    for c in heapq.merge(seq1, seq2):
        result.append(c)
    return result

def test_merge_sorted_seq():
    seq1 = [1, 2, 3, 8, 9, 10]
    seq2 = [2, 3, 4, 5, 6, 7, 9]
    seq3 = seq1 + seq2
    assert(merge_sorted_seq(seq1, seq2) == sorted(seq3))

    print("테스트 통과!")

if __name__ == "__main__":
    test_merge_sorted_seq()
```

7.7.4 연결 리스트

끝에서 k번째 항목 찾기

연결 리스트의 끝에서 k번째 항목을 찾아보자.

7장_추상_데이터_타입/22_find_kth_from_the_end.py

```python
from linkedListFIFO import LinkedListFIFO
from node import Node


class KthFromLast(LinkedListFIFO):
    def find_kth_to_last(self, k):
        p1, p2 = self.head, self.head
        i = 0
        while p1:
            if i > k-1:
                try:
                    p2 = p2.pointer
                except AttributeError:
                    break
            p1 = p1.pointer
            i += 1
        return p2.value


if __name__ == "__main__":
    ll = KthFromLast()
    for i in range(1, 11):
        ll.addNode(i)
    print("연결 리스트:")
    ll._printList()
    k = 3
    k_from_last = ll.find_kth_to_last(k)
    print("연결 리스트의 끝에서 {0}번째 항목은 {1}입니다.".format(k, k_from_
last))
```

> 연결 리스트: 1 2 3 4 5 6 7 8 9 10
> 연결 리스트의 끝에서 3번째 항목은 8입니다.

연결 리스트에는 두 포인터가 있다. 반복문에서 하나는 연결 리스트를 계속 순회하고, 또 다른 하나는 k-1 이후를 순회한다.

연결 리스트 분할하기

숫자가 담긴 연결 리스트에서 한 항목을 선택했을 때, 그 항목 값의 왼쪽에는 작은 숫자 항목만 나오고 오른쪽에는 큰 숫자 항목만 나오도록 연결 리스트를 분할해보자.

7장_추상_데이터_타입/23_part_linked_list.py

```
from linkedListFIFO import LinkedListFIFO
from node import Node

def partList(ll, n):
    more = LinkedListFIFO()
    less = LinkedListFIFO()

    node = ll.head

    while node:
        item = node.value

        if item < n:
            less.addNode(item)

        elif item > n:
            more.addNode(item)

        node = node.pointer

    less.addNode(n)
    nodemore = more.head

    while nodemore:
        less.addNode(nodemore.value)
```

```
        nodemore = nodemore.pointer

    return less

if __name__ == "__main__":
    ll = LinkedListFIFO()
    l = [6, 7, 3, 4, 9, 5, 1, 2, 8]
    for i in l:
        ll.addNode(i)

    print("분할 전:")
    ll._printList()

    print("분할 후:")
    newll = partList(ll, 6)
    newll._printList()
```

```
분할 전:
6 7 3 4 9 5 1 2 8
분할 후:
3 4 5 1 2 6 7 9 8
```

6을 선택했을 때, 6 왼쪽에는 6보다 작은 항목들만 있고 오른쪽에는 큰 항목들만 있다.

이중 연결 리스트와 FIFO

11_linkedlist_fifo.py 코드를 사용하여 이중 연결 리스트를 구현해보자. 사실 우리가 배운 연결 리스트는 단일 연결 리스트singly linked list로서 각 노드의 포인터 하나가 다음 노드를 가리키지만, **이중 연결 리스트**doubly linked list에서는 포인터가 두 개 있어 하나는 앞 노드를, 하나는 뒤 노드를 가리킨다.

7장_추상_데이터_타입/24_doubled_linked_list_fifo.py

```
from linkedListFIFO import LinkedListFIFO
```

```python
class DNode(object):
    def __init__(self, value=None, pointer=None, previous=None):
        self.value = value
        self.pointer = pointer
        self.previous = previous


class DLinkedList(LinkedListFIFO):
    def printListInverse(self):
        node = self.tail
        while node:
            print(node.value, end=" ")
            try:
                node = node.previous
            except AttributeError:
                break
        print()

    def _add(self, value):
        self.length += 1
        node = DNode(value)
        if self.tail:
            self.tail.pointer = node
            node.previous = self.tail
        self.tail = node

    def _delete(self, node):
        self.length -= 1
        node.previous.pointer = node.pointer
        if not node.pointer:
            self.tail = node.previous

    def _find(self, index):
        node = self.head
        i = 0
        while node and i < index:
            node = node.pointer
            i += 1
        return node, i

    def deleteNode(self, index):
        if not self.head or not self.head.pointer:
```

```python
                self._deleteFirst()
        else:
            node, i = self._find(index)
            if i == index:
                self._delete(node)
            else:
                print("인덱스 {0}에 해당하는 노드가 없습니다.".format(index))


if __name__ == "__main__":
    from collections import Counter

    ll = DLinkedList()
    for i in range(1, 5):
        ll.addNode(i)
    print("연결 리스트 출력:")
    ll._printList()
    print("연결 리스트 반대로 출력:")
    ll.printListInverse()
    print("값이 15인 노드 추가 후, 연결 리스트 출력:")
    ll._add(15)
    ll._printList()
    print("모든 노드 모두 삭제 후, 연결 리스트 출력:")
    for i in range(ll.length-1, -1, -1):
        ll.deleteNode(i)
    ll._printList()
```

```
연결 리스트 출력:
1 2 3 4
연결 리스트 반대로 출력:
4 3 2 1
값이 15인 노드 추가 후, 연결 리스트 출력:
1 2 3 4 15
모든 노드 모두 삭제 후, 연결 리스트 출력:
연결 리스트가 비었습니다.
```

회문 확인하기

앞에서는 데크를 사용하여 회문 여부를 확인했다. 이번에는 연결 리스트가 회문인지 확인해보는 코드를 작성해보자.

7장_추상_데이터_타입/25_check_pal.py

```python
from linkedListFIFO import LinkedListFIFO
from node import Node


def isPal(l1):
    if len(l1) < 2:
        return True
    if l1[0] != l1[-1]:
        return False
    return isPal(l1[1:-1])

def checkllPal(ll):
    node = ll.head
    l = []

    while node is not None:
        l.append(node.value)
        node = node.pointer

    return isPal(l)

def test_checkllPal():
    ll = LinkedListFIFO()
    l1 = [1, 2, 3, 2, 1]
    for i in l1:
        ll.addNode(i)
    assert(checkllPal(ll) is True)

    ll.addNode(2)
    ll.addNode(3)
    assert(checkllPal(ll) is False)

    print("테스트 통과!")


if __name__ == "__main__":
    test_checkllPal()
```

두 연결 리스트의 숫자 더하기

연결 리스트의 각 항목은 양의 정수라고 가정한다. 한 연결 리스트의 항목으로 예를 들어 순서대로 1, 7, 6, 2가 추가되었다면, 이 연결 리스트의 숫자는 2671이다. 두 연결 리스트의 숫자를 더하여 숫자 결과를 출력하는 코드를 작성해보자.

7장_추상_데이터_타입/26_sum_linked_list.py

```python
from linkedListFIFO import LinkedListFIFO
from node import Node


class LinkedListFIFOYield(LinkedListFIFO):
    def _printList(self):
        node = self.head
        while node:
            yield node.value
            node = node.pointer


def sumlls(l1, l2):
    lsum = LinkedListFIFOYield()
    dig1 = l1.head
    dig2 = l2.head
    pointer = 0

    while dig1 and dig2:
        d1 = dig1.value
        d2 = dig2.value
        sum_d = d1 + d2 + pointer
        if sum_d > 9:
            pointer = sum_d//10
            lsum.addNode(sum_d%10)

        else:
            lsum.addNode(sum_d)
            pointer = 0
```

```python
            dig1 = dig1.pointer
            dig2 = dig2.pointer

        if dig1:
            sum_d = pointer + dig1.value
            if sum_d > 9:
                lsum.addNode(sum_d%10)
            else:
                lsum.addNode(sum_d)
            dig1 = dig1.pointer

        if dig2:
            sum_d = pointer + dig2.value
            if sum_d > 9:
                lsum.addNode(sum_d%10)
            else:
                lsum.addNode(sum_d)
            dig2 = dig2.pointer

    return lsum


if __name__ == "__main__":
    l1 = LinkedListFIFOYield() # 2671
    l1.addNode(1)
    l1.addNode(7)
    l1.addNode(6)
    l1.addNode(2)

    l2 = LinkedListFIFOYield() # 455
    l2.addNode(5)
    l2.addNode(5)
    l2.addNode(4)

    lsum = sumlls(l1, l2)
    l = list(lsum._printList())
    for i in reversed(l):
        print(i, end="")
    print()
```

원형 연결 리스트 찾기

헤드와 테일이 연결된 연결 리스트를 **원형 연결 리스트**^{circular linked list}라고 한다. 어떤
연결 리스트가 원형 연결 리스트인지 여부를 확인하는 함수를 구현해보자. 두 포
인터를 사용하면 원형 연결 리스트의 여부를 확인할 수 있다.

7장_추상_데이터_타입/27_circular_linked_list.py

```python
from linkedListFIFO import LinkedListFIFO
from node import Node


class CicularLinkedListFIFO(LinkedListFIFO):
    def _add(self, value):
        self.length += 1
        node = Node(value, self.head)
        if self.tail:
            self.tail.pointer = node
        self.tail = node


def isCircularll(ll):
    p1 = ll.head
    p2 = ll.head

    while p2:
        try:
            p1 = p1.pointer
            p2 = p2.pointer.pointer
        except:
            break

        if p1 == p2:
            return True
    return False

def test_isCircularll():
```

```
ll = LinkedListFIFO()
for i in range(10):
    ll.addNode(i)
assert(isCircularll(ll) isFalse)

lcirc = CicularLinkedListFIFO()
for i in range(10):
    lcirc.addNode(i)
assert(isCircularll(lcirc) is True)

print("테스트 통과!")


if __name__ == "__main__":
    test_isCircularll()
```

테스트 통과!

점근적 분석

점근적 분석asymptotic analysis은 어떤 알고리즘에 큰 입력 데이터셋을 적용할 때, 알고리즘의 제한 동작과 성능을 설명하기 위한 방법이다. 일반 컴퓨터에서 10억 개의 숫자($n=10^9$)를 정렬한다고 가정해보자. 숫자는 1바이트라고 가정하고, 컴퓨터의 CPU 클록은 1GHz라고 가정한다(초당 약 10^9번의 연산을 실행한다는 뜻이다).[1] 이 경우 실행 시간이 $O(n^2)$인 알고리즘을 사용하여 숫자를 정렬한다면, 최악의 경우 약 10억 초가 걸릴 것이다.

다음 그림과 같이 함수의 동작을 시각화해서 살펴보면 점근적 분석의 중요성을 알 수 있다. n의 다항식 또는 지수 알고리즘으로는 n이 늘어날수록 작업을 처리하기 어렵다는 것을 명확하게 알 수 있다.

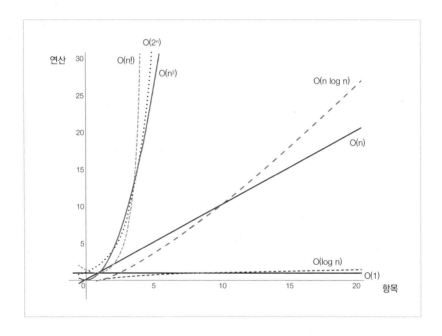

---

1 RAM 레이턴시(대기 시간), 캐싱 작업 등과 같이 처리 속도가 느려지는 다른 요인은 고려하지 않는다.

8.1 복잡도 종류

복잡도 종류[complexity class]는 계산에 드는 복잡도에 따라 문제들을 분류해놓은 집합을 말한다.[2] 이때 필요한 것은 복잡도 **환산(변환)**[reduction]으로서 한 문제를 원래 문제만큼 어렵게 다른 문제로 변환하는 것을 뜻한다.[3] 예를 들어 곱셈 문제는 다음과 같이 제곱 문제로 환산할 수 있다.

$$a \times b = \frac{\left((a+b)^2 - a^2 - b^2 \right)}{2}$$

가장 일반적으로 사용되는 환산은 **다항 시간 환산**[polynomial-time reduction]이며, 이는 환산 절차가 다항 시간이 걸린다는 것을 의미한다.[4]

8.1.1 P

복잡도에서 **P**[polynomial time][5]는 결정론적 튜링 기계[deterministic Turing machine]로 다항 시간 안에 풀 수 있는 판정 문제[decision problem][6]를 모아놓은 복잡도 종류다. 결정론적이란 말에 주목해 쉽게 풀어 말하자면 계산의 각 단계에서 단 한 가지 가능성만을 고려할 수 있는 알고리즘으로 다항 시간 안에 풀 수 있는 문제다. 어떤 문제를 결정론적 문제로 바꿀 수 있다면, 그 결과는 P에 속하게 된다.

8.1.2 NP

NP[non-deterministic polynomial time][7]는 비결정론적 튜링 기계로 다항 시간 안에 풀 수 있는 판정 문제의 집합이다. P와 구분되는 것은 비결정론적이라는 점으로, 각 계산

---

2 역자주_ https://ko.wikipedia.org/wiki/복잡도_종류

3 역자주_ https://ko.wikipedia.org/wiki/환산_(복잡도)

4 역자주_ 어떠한 문제를 계산하는 데에 걸리는 시간 m(n)이 문제의 크기 n의 다항식 함수보다 크지 않은 것을 가리킨다. 빅-오 표기법을 사용하면 m(n) = O(nk)이다(k는 문제에 따라 다른 상수).

5 역자주_ https://ko.wikipedia.org/wiki/P_(복잡도)

6 역자주_ 결정 문제라고도 한다. 예/아니요의 답이 있는 질문을 말한다. 판정 문제를 푸는 데 쓰는 방법을 알고리즘이라 하며, 어떤 판정 문제를 푸는 알고리즘이 있으면 그 문제는 결정 가능하다고 한다. 알고리즘이 없다면 결정 불가능하다고 한다.

7 역자주_ https://ko.wikipedia.org/wiki/NP_(복잡도)

단계에서 여러 가능성을 동시에 고려할 수 있는 알고리즘을 통해 다항 시간 안에 풀 수 있다는 뜻이다.

어떤 문제가 적어도 NP에 속하는 어떤 문제만큼 어렵다면(다항 시간 환산으로 판정될 수 있다면) **NP-난해**[NP-hard][8]라고 한다. 다른 정의로는, 모든 NP 문제가 다항 시간에 어떤 문제로 환산될 수 있다면 그 문제를 NP-난해라고 한다. 예로, 그래프를 통해 최단 경로를 찾는 외판원 문제[traveling salesperson problem]는 NP-난해에 속한다.

NP-난해 문제 자체는 NP 문제가 아닐 수도 있다(NP보다 더 어려운 문제일 수도 있다). NP 문제이자 NP-난해인 문제를 **NP-완전**[NP-complete][9]이라고 부른다. NP-완전은 NP 집합에 속하는 판정 문제 중에서 가장 어려운 문제의 부분집합으로, 모든 NP 문제는 다항 시간 내에 NP-완전 문제로 환산할 수 있다.

> **NOTE_**『쉽게 배우는 알고리즘』(한빛아카데미, 2018)에 P와 NP를 잘 설명한 부분이 있어 인용한다.
>
> NP에 속하는 문제는 그 문제의 대답이 '예'라는 근거가 주어졌을 때 그것이 옳은 근거임을 다항식 시간에 확인해줄 수 있는 문제. 반면, P에 속하는 문제는 그 문제의 질문이 주어졌을 때, Yes 또는 No의 대답을 다항식 시간에 해줄 수 있는 문제. NP 문제는 대답이 Yes라는 근거가 제시되었을 때 그것이 맞는다는 것을 다항식 시간에 확인만 하면 될 뿐 대답이 No일 경우는 어떻게 하든 상관없다. P 문제는 질문 자체에 대해서 다항식 시간에 Yes 또는 No 대답을 해야 한다. 질문에 대답을 한다는 것은 일반적으로 '문제를 푼다'는 것과 일치한다.
>
> 초등학교 수학을 예로 들어보자. Yes 또는 No로 대답해야 하는 문제다.
>
> **[문제 1]** 양의 정수 X는 3의 배수인가?
>
> **[변환]** X가 n자리 수라면 $X = x_n x_{n-1} \cdots x_1$로 나타낼 수 있다. 각 자릿수를 다음과 같이 단순히 더한 수 Y를 만든다. $Y = x_n + x_{n-1} + \cdots + x_1$
>
> **[문제 2]** Y는 3의 배수인가?
>
> 문제 1의 답은 문제 2의 대답과 일치한다. 예를 들어 38673이 3의 배수인지 알고 싶다고 하자. 변환에 따라 3+8+6+7+3=27이 3의 배수이므로 3의 배수다. 244는 2+4+4=10이 3의 배수가 아니므로 3의 배수가 아니다.

---

8   역자주_ https://ko.wikipedia.org/wiki/NP-난해

9   역자주_ https://ko.wikipedia.org/wiki/NP-완전

문제 1을 풀고 싶으면 문제 2로 변환을 해서 문제 2의 답(Yes 또는 No)을 문제 1의 답으로 삼으면 된다. 문제 2를 쉽게 풀 수 있으면 문제 1도 쉽게 풀 수 있다.

해결해야 할 문제 B가 어느 정도 어려운지 모른다고 하자. 유명한 난제군인 NP-완전에 속하는 어떤 문제 A를 문제 1의 위치에 놓고 적당히 변환해 문제 B로 바꾸고 문제 B가 문제 2와 같이 문제 1과 대답이 일치한다면 문제 B는 NP-난해 문제, 즉 이 유명한 난제군에 속한다.

8.1.3 P=NP?

P-NP 문제P versus NP problem[10]는 복잡도 종류 P와 NP가 같은지 여부에 대한 컴퓨터 과학 분야의 미해결 문제다. 앞에서 언급했듯이 P는 결정론적 튜링 기계로, NP는 비결정론적 튜링 기계로 다항 시간에 답을 구할 수 있는 문제의 집합이다. 결정론적 튜링 기계에 사용한 프로그램은 비결정론적 튜링 기계에도 적용할 수 있으므로, P는 NP의 부분집합이 된다. 하지만 P와 NP가 같은 집합인지, 아니면 P가 NP의 진부분집합인지 여부는 아직 밝혀지지 않았다.

NP-완전 문제 중 하나라도 P에 속한다는 것을 증명한다면 모든 NP 문제가 P에 속하기 때문에, P-NP 문제가 P=NP가 되고 반대로 NP-완전 문제 중 하나가 P에 속하지 않는다는 것이 증명된다면 P=NP에 대한 반례가 되어 P≠NP가 된다.

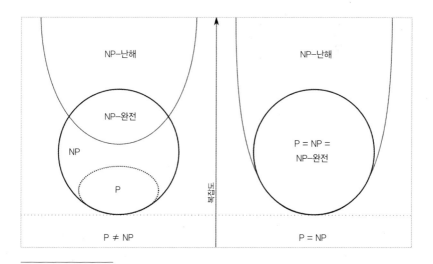

10 역자주_ https://ko.wikipedia.org/wiki/P-NP_문제

co-NP[11]는 NP 문제와 보완complement 관계인 문제 종류다. 문제 x가 co-NP에 속한다는 것은 그 보완 문제인 $\bar{x}$가 NP에 속한다는 것과 동치다. 즉 co-NP는 '예'의 반대인 '아니요' 경우(반례)에 대해 효율적으로 검증할 수 있는 증명이 있는 문제의 집합이다. NP-완전 문제 중에 부분집합 합 문제[12]가 있다. 이 문제의 보완 문제(co-NP)는 정수 유한집합이 주어질 때, 공집합이 아닌 모든 부분집합은 원소를 다 더했을 때 0이 아닌지를 구하는 문제가 된다. '아니요' 경우에 대한 증명을 하려면, 합이 0이 되고 공집합이 아닌 부분집합을 찾으면 되므로 증명을 검증하기가 쉬워진다.

다항 시간에 풀 수 있는 문제인 P는 NP와 co-NP 모두의 부분집합이다. 오늘날 수학자들은 P는 두 경우 모두 진부분집합일 것으로 추측하고 있고, NP와 co-NP 역시 같은 집합이 아니라고 보고 있다. 예를 들어 NP와 co-NP에 속하는 소인수분해[13] 문제는 양의 정수 m과 n이 있을 때 m에 n보다 작고 1보다 큰 약수가 있는지 찾으면 되므로 쉽다. m에 그런 약수가 있다면, 그 약수로 나누어보면 된다. 반례의 경우는 그런 약수가 없다는 것을 보이려면 일일이 나눠봐야 한다.

8.2 재귀 알고리즘

재귀 알고리즘recursion algorithm의 3가지 법칙은 다음과 같다.

1) 재귀 알고리즘은 **베이스 케이스**base case(재귀 호출을 유발하지 않는 종료 시나리오)가 있어야 한다.
2) 재귀 알고리즘은 상태를 변경하고 베이스 케이스로 이동한다.
3) 재귀 알고리즘은 재귀적으로 자신을 호출한다.

모든 재귀 호출에 대해 재귀 함수는 인수, 반환 주소, 지역 변수를 메모리의 스택

---

11 역자주_ *https://ko.wikipedia.org/wiki/Co-NP*
12 역자주_ 유한 개의 정수로 이루어진 집합이 있을 때, 이 집합의 부분집합 중에서 이 집합의 원소를 다 더한 값이 0이 되는 경우가 있는지 알아내는 문제다. *https://ko.wikipedia.org/wiki/부분집합_합_문제*
13 역자주_ 합성수를 소수의 곱으로 나타내는 방법. 예를 들어 20=2×2×5=2^2×5. *https://ko.wikipedia.org/wiki/소인수분해*

에 할당한다. 이러한 데이터를 스택에 넣고push 꺼내는pop 데에는 시간이 소비된다. 재귀 알고리즘은 최소 $O(n)$의 공간을 사용한다. 여기서 n은 재귀 호출의 깊이depth다.

재귀는 계산이 중복되거나 하위 문제가 겹치는 경우 비용이 많이 든다. 어떤 경우에는 스택 오버플로가 발생할 수도 있다. 이러한 이유로 하위 문제가 겹치는 경우에는 반복문을 사용하는 것이 더 좋은 방법이 될 수도 있다. 예를 들면 피보나치 수열의 경우 단순히 재귀 함수를 사용한다면 지수 시간($O(2n)$)이 걸리지만, 반복문을 사용한다면 $O(n)$이 걸린다('1.7.4. 피보나치 수열' 참조).

8.2.1 재귀식

재귀 함수의 실행 시간을 설명하는 데에는 재귀식recursive relation을 사용한다.

$$T(n) = a \cdot T(g(n)) + f(n)$$

a는 재귀 호출 수를 나타낸다. $g(n)$은 재귀적으로 풀어야 할 각 하위 문제의 크기를 나타낸다. $f(n)$은 함수에서 수행되는 모든 추가 작업이다. 다음 표는 잘 알려진 문제들에 대해 재귀식의 예를 보여준다.

재귀식	시간복잡도	문제
$T(n) = T(n-1) + 1$	$O(n)$	시퀀스 처리
$T(n) = T(n-1) + n$	$O(n^2)$	악수 문제handshake problem
$T(n) = 2T(n-1) + 1$	$O(2n)$	하노이의 탑
$T(n) = T(n/2) + 1$	$O(\log n)$	이진 검색
$T(n) = T(n/2) + n$	$O(n)$	무작위 선택randomized select
$T(n) = 2T(n/2) + 1$	$O(n)$	트리 순회
$T(n) = 2T(n/2) + n$	$O(n \log n)$	분할정복 방식의 정렬

8.2.2 분할정복 알고리즘

분할정복^{divide and conquer} 알고리즘의 재귀식은 다음과 같다.

$$T(n) = a \cdot T(n/b) + f(n)$$

a는 재귀 호출 수를 나타내고, 각 호출은 전체 데이터에서 1/b만큼을 사용하며 f(n)의 작업을 수행한다. 마지막 사례(말단 노드)에 도달했을 때 T(1) = 1이 되기 위해 **높이**^{height} h = $\log_b$n으로 정의한다. 트리로 나타내면 다음 그림과 같다.

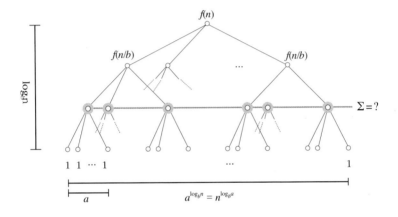

8.3 함수의 실행 시간

이제 알고리즘의 실행 시간(런타임)^{runtime}을 분석해보자. 알고리즘에 재귀 호출이 없다면, 자료구조와 코드 블록 흐름만 파악하면 된다(하나씩 실행되는 코드 블록의 시간복잡도를 계산하면 된다). 중첩 반복문의 경우 시간복잡도는 배가 된다.

알고리즘에 재귀 호출이 있다면 재귀식을 사용하여 실행 시간을 찾을 수 있다. 함수에 대한 재귀식을 작성할 때는 베이스 케이스(O(1)이어야 하므로 T(1)=1)와 일반 케이스 두 방정식을 작성해야 한다. 피보나치 수열에서 n번째 요소를 찾는 알고리즘 예제를 살펴보자. 피보나치 수열에서 단순 재귀 함수 알고리즘의 시간복잡도는 지수 시간이 걸린다.

```python
def find_fibonacci_seq_rec(n):
    if n < 2:
        return n
    return find_fibonacci_seq_rec(n - 1) + find_fibonacci_seq_rec(n - 2)

if __name__ == "__main__":
    print(find_fibonacci_seq_rec(5))
```

5

재귀식 공식 $T(n) = a \cdot T(g(n)) + f(n)$을 떠올려보자. 이 경우 $g(n)$은 $n-2$와 $n-1$이고 a는 2, $f(n)$은 1이다. 따라서 재귀식은 다음과 같다.

$$T(n) = 2T(n-1) + 1$$

그러면 다음 단계의 재귀식들은 다음과 같이 될 것이다.

$$T(n) = 2^2T(n-2) + 2 \rightarrow 2^kT(n-k) + k\dots$$

베이스 케이스는 $T(1) = 1$ 이며, 시간복잡도는 $O(1)$이 되어야 하므로 $n - k = 1$, 즉 $k = n - 1$이다. 이를 대입하면 재귀식은 다음과 같다.

$$T(n) = 2^{n-1} + n-1 \sim 2^n$$

이렇게 피보나치 수열 알고리즘의 시간복잡도가 지수 시간인 $O(2^n)$인 것을 실제로 증명해봤다. 동일한 과정으로 다른 문제의 재귀식도 세울 수 있다(정확한 계산이라기보다 재귀식을 통해 실행 시간을 추론하는 것이다).

참고로 다음은 피보나치 함수 호출 과정을 트리로 나타낸 그림이다. 노드 위의 숫자는 호출되는 순서다. 노드를 살펴보면 비효율적으로 같은 함수를 중복해 호출하는 것을 볼 수 있다. 11장에서 이를 개선할 것이다. 또한 함수 실행 순서가 깊이 우선 탐색으로 진행되는 것도 알 수 있는데, 이는 14장에서 살펴본다.

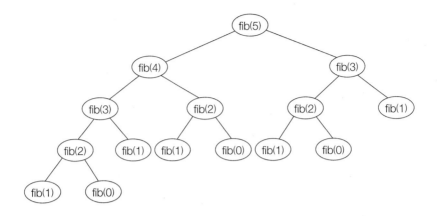

다음 표는 몇몇 알고리즘에 대한 실행 시간 결과다.

시간복잡도	실행 시간	알고리즘 예
$O(n^2)$	2차	삽입 정렬, 선택 정렬
$O(n \log n)$	로그 선형	퀵 정렬, 병합 정렬 등 문제를 작은 덩어리로 분해한 다음, 그 결과를 병합하는 알고리즘
$O(n)$	선형	리스트 순회
$O(\log n)$	로그	이진 트리 검색
$O(1)$	상수	해시 테이블 검색 및 수정
$O(n^k)$	다항	n번 순회하는 반복문이 k번 중첩됨
$O(k^n)$	지수	n개의 모든 부분집합 나열하기
$O(n!)$	계승	n개의 모든 순서 나열하기

정렬

어떤 항목들로 이루어진 한 그룹을 크기가 작은 순서대로 **정렬**sorting하고 싶다고 하자. 가장 간단한 방법은 가장 작은 항목을 그룹에서 맨 앞으로 이동하는 것이다. 그다음 작은 항목을 두 번째로 이동하고, 그다음 항목들도 이와 같이 반복한다. 그러나 이 알고리즘은 시간복잡도가 $O(n^2)$ 이므로 더 나은 알고리즘을 찾아야 한다. 이번 장에서는 정렬 알고리즘의 예제를 살펴보고, 정렬 알고리즘의 특성과 실행 시간을 분석한다.

제자리 정렬in-place sort[1]은 정렬할 항목의 수에 비해 아주 작은 저장 공간을 더 사용하는 정렬 알고리즘을 뜻한다. 삽입 정렬은 주어진 원소들을 옮긴 뒤 적절한 위치에 원소를 삽입하는 연산을 반복하는데, 이 과정에서 항목을 담는 공간 외에 추가로 사용될 수 있는 공간은 옮겨지는 항목이 저장되는 공간과 반복문 변수 정도에 불과하다.

안정적 정렬stable sort은 데이터 요소의 상대적인 순서를 보존한다. 데이터의 두 항목이 크기가 같을 때, 정렬 전의 위치 상태를 똑같이 유지한다. 모든 **비교 정렬**comparison sort 문제에서 키key는 정렬 순서를 결정하는 값을 뜻한다(키가 다른 키보다 작은지 같은지 큰지 판별하는 방법을 갖추기만 하면 된다). 대부분의 비교 정렬 알고리즘은 최악의 경우 시간복잡도가 $O(n \log n)$보다 좋지 않다.

9.1 2차 정렬

9.1.1 거품 정렬

거품 정렬bubble sort은 인접한 두 항목을 비교하여 정렬하는 방식이다.[2] 시간복잡도는 $O(n^2)$이지만 코드가 단순하다. 항목이 수면 위로 거품처럼 올라오는 듯한 모습을 보이기 때문에 붙은 이름이다. 리스트 [11, 3, 28, 43, 9, 4]가 정렬되는 과정은 다음과 같다.

---

1 역자주_ https://ko.wikipedia.org/wiki/정렬_알고리즘#제자리_정렬
2 역자주_ https://ko.wikipedia.org/wiki/거품_정렬

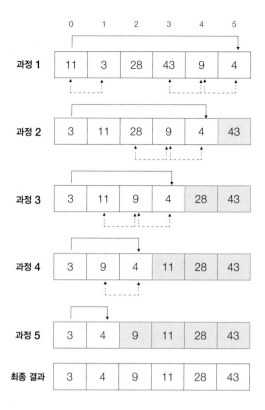

이 그림대로 코드로 구현해보자.

9장_정렬/1_bubble_sort.py

```python
def bubble_sort(seq):
    length = len(seq) - 1
    for num in range(length, 0, -1):
        for i in range(num):
            if seq[i] > seq[i+1]:
                seq[i], seq[i+1] = seq[i+1], seq[i]
    return seq


def test_bubble_sort():
    seq = [4, 5, 2, 1, 6, 2, 7, 10, 13, 8]
    assert(bubble_sort(seq) == sorted(seq))
```

```
        print("테스트 통과!")


if __name__ == "__main__":
    test_bubble_sort()
```

이번 장 몇몇 예제는 중간 과정도 출력하게 코드를 작성했다.

```
[3, 11, 28, 9, 4, 43]
[3, 11, 9, 4, 28, 43]
[3, 9, 4, 11, 28, 43]
[3, 4, 9, 11, 28, 43]
[3, 4, 9, 11, 28, 43]
테스트 통과!
```

9.1.2 선택 정렬

선택 정렬selection sort은 먼저 리스트에서 가장 작거나 큰 항목을 찾아서 첫 번째 항목과 위치를 바꾼다.[3] 그러고 나서 그다음 항목을 찾아서 두 번째 항목과 위치를 바꾼다. 이런 식으로 리스트 끝에 도달할 때까지 이 과정을 반복한다. 리스트가 이미 정렬되어 있어도 시간복잡도는 $O(n^2)$이다(안정적이지도 않다). 리스트 [11, 3, 28, 43, 9, 4]가 정렬되는 과정은 다음과 같다.

---

3 역자주_ https://ko.wikipedia.org/wiki/선택_정렬

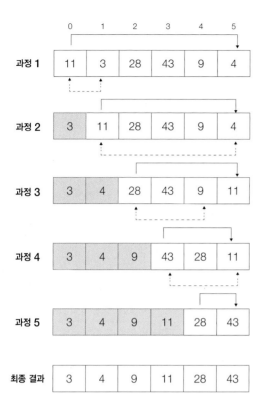

코드로 구현해보자.

9장_정렬/2_selection_sort.py

```python
def selection_sort(seq):
    length = len(seq)
    for i in range(length-1):
        min_j = i
        for j in range(i+1, length):
            if seq[min_j] > seq[j]:
                min_j = j
        seq[i], seq[min_j] = seq[min_j], seq[i]
    return seq

def test_selection_sort():
    seq = [11, 3, 28, 43, 9, 4]
```

```
        assert(selection_sort(seq) == sorted(seq))
        print("테스트 통과!")

    if __name__ == "__main__":
        test_selection_sort()
```

테스트 통과!

이보다 더 정교한 '빠른 선택'을 10장에서 살펴볼 것이다.

9.1.3 삽입 정렬

삽입 정렬insertion sort은 최선의 경우 시간복잡도는 $O(n)$이고, 평균과 최악의 경우 $O(n^2)$인 간단한 정렬 알고리즘이다. 배열 맨 처음 정렬된 부분에, 정렬되지 않은 다음 항목을 반복적으로 삽입하는 방식이다. 데이터 크기가 작고 리스트가 이미 정렬되어 있으면 병합 정렬이나 퀵 정렬 같은 고급 알고리즘보다 성능이 더 좋다 (즉 미리 정렬된 리스트에 새 항목을 추가할 때 좋다). 리스트 [11, 3, 28, 43, 9, 4]가 정렬되는 과정은 다음과 같다.

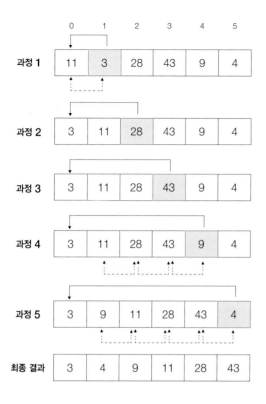

코드로 구현해보자.

9장_정렬/3_insertion_sort.py

```
def insertion_sort(seq):
    for i in range(1, len(seq)):
        j = i
        while j > 0 and seq[j-1] > seq[j]:
            seq[j-1], seq[j] = seq[j], seq[j-1]
            j -= 1
        # print(seq)
    return seq

def insertion_sort_rec(seq, i=None):
    if i is None:
        i = len(seq) - 1
    if i == 0:
```

```
        return i
    insertion_sort_rec(seq, i-1)
    j = i
    while j > 0 and seq[j-i] > seq[j]:
        seq[j-1], seq[j] = seq[j], seq[j-1]
        j -= 1
    return seq

def test_insertion_sort():
    seq = [11, 3, 28, 43, 9, 4]
    assert(insertion_sort(seq) == sorted(seq))
    assert(insertion_sort_rec(seq) == sorted(seq))
    print("테스트 통과!")

if __name__ == "__main__":
    test_insertion_sort()
```

테스트 통과!

9.1.4 놈 정렬

놈 정렬gnome sort4은 앞으로 이동하며 잘못 정렬된 값을 찾은 후, 올바른 위치로 값을 교환하며 다시 뒤로 이동한다.5 최선의 경우 시간복잡도는 $O(n)$이고, 평균과 최악의 경우 $O(n^2)$인 정렬 알고리즘이다.

9장_정렬/4_gnome_sort.py

```
def gnome_sort(seq):
    i = 0
    while i < len(seq):
        if i == 0 or seq[i-1] <= seq[i]:
            i += 1
        else:
            seq[i], seq[i-1] = seq[i-1], seq[i]
```

---

4 역자주_ 놈은 땅의 정령(혹은 귀신, 요정)으로 유럽의 중세 신화에서 기원했다.

5 역자주_ *https://en.wikipedia.org/wiki/Gnome_sort*

```
        i -= 1
    return seq

def test_gnome_sort():
    seq = [5, 3, 2, 4]
    assert(gnome_sort(seq) == sorted(seq))
    print("테스트 통과!")

if __name__ == "__main__":
    test_gnome_sort()
```

테스트 통과!

이 코드가 실행되는 과정을 단계별로 살펴보면 다음과 같다.

리스트	i	조건문	실행
[**5**, 3, 2, 4]	0	i == 0	i 증가
[5, **3**, 2, 4]	1	seq[i-1] > seq[i]	교환, i 감소
[**3**, 5, 2, 4]	0	i == 0	i 증가
[3, **5**, 2, 4]	1	seq[i-1] <= seq[i]	i 증가
[3, 5, **2**, 4]	2	seq[i-1] > seq[i]	교환, i 감소
[3, **2**, 5, 4]	1	seq[i-1] > seq[i]	교환, i 감소
[**2**, 3, 5, 4]	0	i == 0	i 증가
[2, **3**, 5, 4]	1	seq[i-1] <= seq[i]	i 증가
[2, 3, **5**, 4]	2	seq[i-1] <= seq[i]	i 증가
[2, 3, 5, **4**]	3	seq[i-1] > seq[i]	교환, i 감소
[2, 3, **4**, 5]	2	seq[i-1] <= seq[i]	i 증가
[2, 3, 4, **5**]	3	seq[i-1] <= seq[i]	i 증가
[2, 3, 4, 5]	4	i == len(seq)	종료

9.2 선형 정렬

9.2.1 카운트 정렬

카운트 정렬^{count sort}은 작은 범위의 정수를 정렬할 때 유용하며, 숫자의 발생 횟수를 계산하는 누적 카운트를 사용한다. 누적 카운트를 갱신하여 순서대로 숫자를 직접 배치하는 방식이다. 카운트 정렬에서 각 숫자 간의 간격이 크다면, 로그 선형 제한이 걸리며 비효율적이 된다. 각 숫자의 간격이 크지 않다면, 시간복잡도는 선형인 $O(n+k)$다.

9장_정렬/5_count_sort.py

```python
from collections import defaultdict

def count_sort_dict(a):
    b, c = [], defaultdict(list)
    for x in a:
        c[x].append(x)
    for k in range(min(c), max(c) + 1):
        b.extend(c[k])
    return b

def test_count_sort():
    seq = [3, 5, 2, 6, 8, 1, 0, 3, 5, 6, 2, 5, 4, 1, 5, 3]
    assert(count_sort_dict(seq) == sorted(seq))
    print("테스트 통과!")

if __name__ == "__main__":
    test_count_sort()
```

테스트 통과!

여러 값이 동일한 키를 갖는 경우에도 원래 키의 순서를 가지므로 카운트 정렬 알고리즘은 안정적이다.

9.3 로그 선형 정렬

9.3.1 sort()와 sorted()

파이썬에서 우리가 흔히 사용하는 sort() 메서드는 원본 리스트를 정렬된 상태로 변환한다. sorted() 함수는 원본의 변경 없이 정렬된 새로운 리스트를 반환한다. 이들은 매우 효율적인 **팀소트**Timsort 알고리즘으로 구현되어 있다.[6]

sorted() 함수는 선택적 인수가 있어 다양한 활용이 가능하다(정렬 결과를 반전하는 reverse=True, 문자열 길이 기준으로 정렬하는 key=len, 대소문자 구분없이 정렬하는 key=str.lower 등). 또한, 사용자가 정의한 함수를 사용하여 정렬할 수도 있다.

9.3.2 병합 정렬

병합 정렬(합병 정렬)merge sort은 리스트를 반으로 나누어 정렬되지 않은 리스트를 만든다.[7] 정렬되지 않은 두 리스트의 크기가 1이 될 때까지, 계속 리스트를 반으로 나누어 병합 정렬 알고리즘을 호출하여 리스트를 정렬하고 병합한다. 병합 정렬은 안정적일 뿐만 아니라 대규모 데이터에 대해서도 속도가 빠르다. 배열의 경우 제자리in-place에서 정렬되지 않기 때문에, 다른 알고리즘보다 훨씬 더 많은 메모리가 필요하며, 공간복잡도는 O(n)이다. 연결 리스트의 경우 별도의 저장 공간이 필요하지 않으므로 제자리 정렬이 가능하며, 공간복잡도는 O(log n)이다. 병합 정렬의 최악, 최선, 평균 시간복잡도는 모두 O(n log n)이다.

데이터가 너무 커서 메모리에 넣지 못할 때, 병합 정렬은 좋은 선택이다. 하위 데이터 집합은 메모리에서 정렬할 수 있을 만큼 작아질 때까지 별도의 파일로 디스크에 쓸 수 있다. 병합은 간단하다. 각 파일에서 한 번에 하나의 요소들을 읽고,

---

6 팀소트는 병합 정렬과 삽입 정렬에서 파생된 하이브리드 정렬 알고리즘이다. 팀 피터스(Tim Peters)가 파이썬에 넣기 위해 만들었다. *https://en.wikipedia.org/wiki/Timsort*

7 역자주_ *https://ko.wikipedia.org/wiki/합병_정렬*

순서대로 최종 파일에 기록한다.

```
"""
```
병합 정렬을 구현하는 여러 가지 방법이 있다.
    --> 시간복잡도: 최악/최선/평균일 때 모두 O(n log n)
    --> 공간복잡도: 배열인 경우 O(n)이며, 일반적으로 제자리 정렬(in-
place)이 아니다.
    --> 배열이 큰 경우 효율적이다.
    --> 병합 정렬의 병합 함수를 사용하여, 두 배열을 병합한다.
    --> 두 파일인 경우에도 병합 가능하다.

가) pop() 메서드를 사용하여 다음과 같이 구현할 수 있다.
    (각 두 배열은 정렬되어 있다.)

```
    def merge(left, right):
        if not left or not right: return left or right # 아무것도 병
합하지 않는다.
        result = []
        while left and right:
            if left[-1] >= right[-1]:
                result.append(left.pop())
            else:
                result.append(right.pop())
        result.reverse()
        return (left or right) + result

    >>> l1 = [1, 2, 3, 4, 5, 6, 7]
    >>> l2 = [2, 4, 5, 8]
    >>> merge(l1, l2)
    [1, 2, 2, 3, 4, 4, 5, 5, 6, 7, 8]
```

나) 제자리 정렬을 구현하는 경우, 한 배열의 끝에 0이 채워져 있고,
    다른 배열에는 첫 배열에서 끝에 0이 채워진 크기만큼의 요소가 있다.
    (각 두 배열은 정렬되어 있다.)

```
    >>> l1 = [1, 2, 3, 4, 5, 6, 7, 0, 0, 0, 0]
    >>> l2 = [2, 4, 5, 8]
    >>> merge_two_arrays_inplace(l1, l2)
    [1, 2, 2, 3, 4, 4, 5, 5, 6, 7, 8]
```

다) 정렬된 파일은 다음과 같이 병합(파일을 로딩할 충분한 RAM이 필요).

```
    >>> list_files = ["1.dat", "2.dat", "3.dat"]
```

```python
    >>> merge_files(list_files)
    [1, 1, 2, 3, 3, 3, 4, 5, 5, 5, 6, 7, 8]
"""


def merge_sort(seq):
    """
    1) pop()을 이용한 병합 정렬
    """
    if len(seq) < 2:
        return seq
    mid = len(seq) // 2
    left, right = seq[:mid], seq[mid:]
    if len(left) > 1:
        left = merge_sort(left)
    if len(right) > 1:
        right = merge_sort(right)

    res = []
    while left and right:
        if left[-1] >= right[-1]:
            res.append(left.pop())
        else:
            res.append(right.pop())
    res.reverse()
    return(left or right) + res

def merge_sort_sep(seq):
    """
    2) 두 함수로 나누어서 구현한다. 한 함수에서는 배열을 나누고,
       또 다른 함수에서는 배열을 병합한다.
    """
    if len(seq) < 2:
        return seq
    mid = len(seq) // 2
    left = merge_sort_sep(seq[:mid])
    right = merge_sort_sep(seq[mid:])
    return merge(left, right)

def merge(left, right):
    if not left or not right:
        return left or right
    result = []
```

```
        i, j = 0, 0
        while i < len(left) and j < len(right):
            if left[i] <= right[j]:
                result.append(left[i])
                i += 1
            else:
                result.append(right[j])
                j += 1
        if left[i:]:
            result.extend(left[i:])
        if right[j:]:
            result.extend(right[j:])
        # print(result)
        return result


def merge_2n(left, right):
    """
    3) 각 두 배열은 정렬된 상태다.
    시간복잡도는 O(2n)이다.
    """
    if not left or not right:
        return left or right
    result = []
    while left and right:
        if left[-1] >= right[-1]:
            result.append(left.pop())
        else:
            result.append(right.pop())
    result.reverse()
    return (left or right) + result


def merge_two_arrays_inplace(l1, l2):
    """
    4) 제자리 정렬로 구현한다.
    """
    if not l1 or not l2:
        return l1 or l2
    p2 = len(l2) - 1
    p1 = len(l1) - len(l2) - 1
    p12 = len(l1) - 1
    while p2 >= 0 and p1 >= 0:
        item_to_be_merged = l2[p2]
```

```python
            item_bigger_array = l1[p1]
            if item_to_be_merged < item_bigger_array:
                l1[p12] = item_bigger_array
                p1 -= 1
            else:
                l1[p12] = item_to_be_merged
                p2 -= 1
            p12 -= 1
    return l1


def merge_files(list_files):
    """
    5) 파일을 병합한다.
    """
    result = []
    final = []
    for filename in list_files:
        aux = []
        with open(filename, "r") as file:
            for line in file:
                aux.append(int(line))
        result.append(aux)
    final.extend(result.pop())
    for l in result:
        final = merge(l, final)
    return final


def test_merge_sort():
    seq = [3, 5, 2, 6, 8, 1, 0, 3, 5, 6, 2]
    seq_sorted = sorted(seq)
    assert(merge_sort(seq) == seq_sorted)  # 1
    assert(merge_sort_sep(seq) == seq_sorted)  # 2

    l1 = [1, 2, 3, 4, 5, 6, 7]
    l2 = [2, 4, 5, 8]
    l_sorted = [1, 2, 2, 3, 4, 4, 5, 5, 6, 7, 8]
    assert(merge_2n(l1, l2) == l_sorted)  # 3

    l1 = [1, 2, 3, 4, 5, 6, 7, 0, 0, 0, 0]
    l2 = [2, 4, 5, 8]
    l_sorted = [1, 2, 2, 3, 4, 4, 5, 5, 6, 7, 8]
    assert(merge_two_arrays_inplace(l1, l2) == l_sorted)  # 4
```

```
    list_files = ["a.dat", "b.dat", "c.dat"]
    l_sorted = [1, 1, 2, 3, 3, 3, 4, 5, 5, 5, 6, 7, 8]
    assert(merge_files(list_files) == l_sorted)  # 5
    print("테스트 통과!")

if __name__ == "__main__":
    test_merge_sort()
```

테스트 통과!

파일 내용을 살펴보면 다음과 같다.

9장_정렬/a.dat

```
1
3
5
6
8
```

9장_정렬/b.dat

```
1
3
5
7
```

9장_정렬/c.dat

```
2
3
4
5
```

앞의 코드에서 2)번 방식의 경우 분할 과정을 트리로 나타낼 수 있다. 간선 옆의 숫자는 호출 순서다.

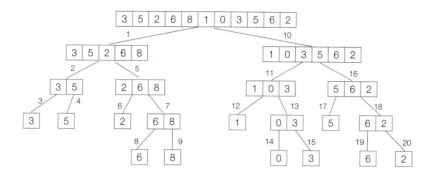

분할 및 병합 과정을 나타낸 그림은 다음과 같다.

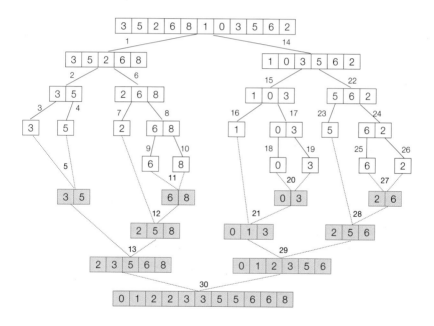

또한 앞의 코드 5)번 방식은 파일을 이용한 외부 병합 정렬external merge sort 방식으로 구현할 수도 있다.

9.3.3 퀵 정렬

퀵 정렬quick sort은 피벗pivot 값을 잘 선택하는 것이 성능의 핵심이다.[8] 리스트에서 기준이 되는 하나의 요소를 고르는데 이를 피벗이라고 한다. 피벗 앞에는 피벗보다 작은 값이 오고, 피벗 뒤에는 피벗보다 큰 값이 오도록 피벗을 기준으로 리스트를 둘로 나눈다. 리스트의 중앙값median을 피벗으로 선택하는 것은 이미 정렬된 리스트에서 가장 적합한 선택이고, 정렬되지 않은 리스트 대부분에서도 다른 선택보다 나쁘지 않다.

분할 과정에서 n-1 요소의 영역을 생성하는 경우(피벗이 최솟값 또는 최댓값일 때), 최악의 경우 시간복잡도는 $O(n^2)$이다. 최선의 경우는 두 개의 n/2 크기 리스트를 생성하게 되고, 이 최선의 경우와 평균 시간복잡도는 $O(n \log n)$이다. 퀵 정렬 알고리즘은 안정적이지 않다.

9장_정렬/7_quick_sort.py

```python
def quick_sort_cache(seq):
    """
    1) 한 함수로 구현한다(캐시 사용).
    """
    if len(seq) < 2:
        return seq
    ipivot = len(seq) // 2   # 피벗 인덱스
    pivot = seq[ipivot]   # 피벗

    before = [x for i, x in enumerate(seq) if x <= pivot and i != ipivot]
    after = [x for i, x in enumerate(seq) if x > pivot and i != ipivot]
    return quick_sort_cache(before) + [pivot] + quick_sort_cache(after)

def partition_devided(seq):
    """
    2) 1)의 퀵 정렬을 두 함수로 나누어 구현한다(캐시 사용).
    """
    pivot, seq = seq[0], seq[1:]
    before = []
    after = []
```

---

8 역자주_ *https://ko.wikipedia.org/wiki/퀵_정렬*

```python
        before = [x for x in seq if x <= pivot]
        after = [x for x in seq if x > pivot]
        return before, pivot, after

def quick_sort_cache_devided(seq):
    if len(seq) < 2:
        return seq
    before, pivot, after = partition_devided(seq)
    return quick_sort_cache_devided(before) \
        + [pivot] \
        + quick_sort_cache_devided(after)

def partition(seq, start, end):
    """
    3) 두 함수로 나누어서 구현한다(캐시 사용 안 함)
    """
    pivot = seq[start]
    left = start + 1
    right = end
    done = False
    while not done:
        while left <= right and seq[left] <= pivot:
            left += 1
        while left <= right and pivot < seq[right]:
            right -= 1
        if right < left:
            done = True
        else:
            seq[left], seq[right] = seq[right], seq[left]
    seq[start], seq[right] = seq[right], seq[start]
    # print(right, seq)
    return right

def quick_sort(seq, start, end):
    if start < end:
        pivot = partition(seq, start, end)
        quick_sort(seq, start, pivot - 1)
        quick_sort(seq, pivot + 1, end)
    return seq

def test_quick_sort():
    seq = [3, 5, 2, 6, 8, 1, 0, 3, 5, 6, 2]
```

```
        assert(quick_sort_cache(seq) == sorted(seq))
        assert(quick_sort_cache_devided(seq) == sorted(seq))
        assert(quick_sort(seq, 0, len(seq)-1) == sorted(seq))
        print("테스트 통과!")

if __name__ == "__main__":
    test_quick_sort()
```

테스트 통과!

앞의 코드에서 1), 2)번 방식의 경우 분할 과정을 트리로 나타낼 수 있다. 아래 그림은 2)의 경우다. 간선 옆의 숫자는 호출 순서다. 칠해진 상자와 점선 상자는 피벗을 뜻한다. 분할 함수 `partition_devided(seq)`에서 반복문을 돌면서 피벗 값 기준으로 작은 리스트와 큰 리스트를 생성하여 분할한다.

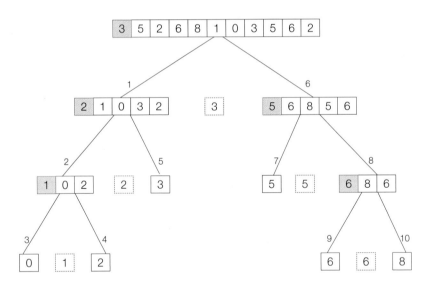

분할 및 병합 과정까지 나타낸 그림은 다음과 같다.

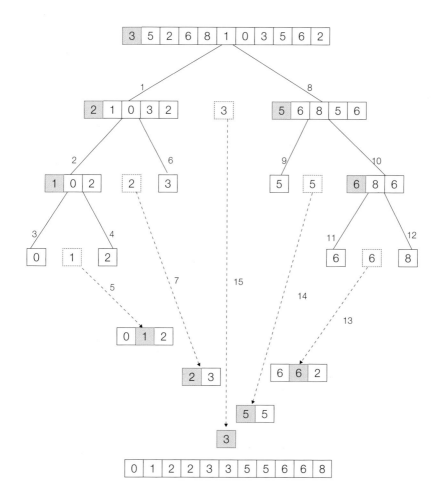

앞의 코드에서 3)번 방식은 알고리즘 수업 시간 혹은 인터넷 자료에 가장 많이 본 퀵 정렬 구현일 것이다. 먼저 분할 함수 partition(seq, start, end)에서 첫 번째 분할 과정만 그림으로 나타내면 다음과 같다(나머지 분할 과정은 직접 손으로 그려보는 것을 추천한다).

3)번 방식의 퀵 정렬 과정을 트리 형식으로 나타내면 다음과 같다.

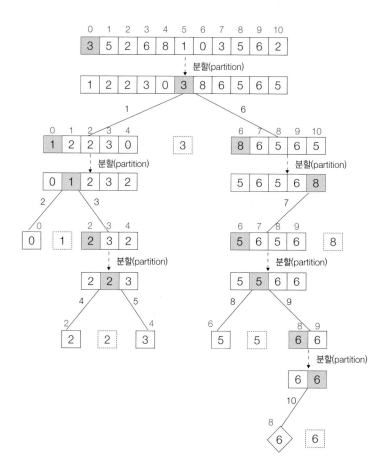

이렇게 분할 함수는 총 6번 호출된다. 분할 함수는 확정된 피벗 인덱스를 반환한다(칠해진 음영 상자). 반환되지 않은 인덱스는 자연스럽게 인덱스 위치가 확정된다(말단 노드의 마름모 상자).

9.3.4 힙 정렬

힙에 대한 내용은 '7.4.1 힙'을 참조한다. **힙 정렬**heap sort은 정렬되지 않은 영역이 힙이라는 점을 제외하면 선택 정렬과 비슷하다. 힙 정렬은 가장 큰(또는 작은) 요소를 n번 찾을 때, 로그 선형의 시간복잡도를 가진다.

힙에서 루트가 아닌 다른 모든 노드는 부모 노드의 값보다 작은(또는 큰) 값을 갖는다. 따라서 가장 작은(또는 큰) 요소는 루트에 저장되고, 루트의 하위 트리에는 루트보다 더 큰(또는 작은) 값들이 포함된다. 힙의 삽입 시간복잡도는 O(1)이다. 힙 순서를 확인하는 데 드는 시간복잡도는 O(log n)이고, 힙을 순회하는 시간복잡도는 O(n)이다. 힙 정렬은 파이썬의 내장 **heapq** 모듈을 사용하여 모든 값을 힙에 푸시[push]한 다음, 한 번에 하나씩 가장 작은 값을 꺼내어[pop] 구현할 수 있다.

9장_정렬/9_heap_sort_1.py

```python
import heapq

def heap_sort1(seq):
    h = []
    for value in seq:
        heapq.heappush(h, value)
    return [heapq.heappop(h) for i in range(len(h))]

def test_heap_sort1():
    seq = [3, 5, 2, 6, 8, 1, 0, 3, 5, 6, 2]
    assert(heap_sort1(seq) == sorted(seq))
    print("테스트 통과!")


if __name__ == "__main__":
    test_heap_sort1()
```

테스트 통과!

7장의 **heap.py**에서 구현한 힙 클래스를 사용하면 다음과 같이 간단하게 힙 정렬을 구현할 수 있다.

9장_정렬/10_heap_sort_2.py

```python
from heap import Heap

def heap_sort2(seq):
```

```python
        s = list(seq)
        heap = Heap(s)
        res = []
        for _ in range(len(s)):
            res.insert(0, heap.extract_max())
        return res

def test_heap_sort2():
    seq = [3, 5, 2, 6, 8, 1, 0, 3, 5, 6, 2]
    assert(heap_sort2(seq) == sorted(seq))
    print("테스트 통과!")

if __name__ == "__main__":
    test_heap_sort2()
```

테스트 통과!

물론 다른 라이브러리를 사용하지 않고 처음부터 힙 정렬을 직접 구현할 수도
있다.

9장_정렬/11_heap_sort_3.py

```python
def heap_sort3(seq):
    for start in range((len(seq)-2)//2, -1, -1):
        siftdown(seq, start, len(seq)-1)
    for end in range(len(seq)-1, 0, -1):
        seq[end], seq[0] = seq[0], seq[end]
        siftdown(seq, 0, end - 1)
    return seq

def siftdown(seq, start, end):
    root = start
    while True:
        child = root * 2 + 1
        if child > end:
            break
        if child + 1 <= end and seq[child] < seq[child + 1]:
            child += 1
        if seq[root] < seq[child]:
```

```python
            seq[root], seq[child] = seq[child], seq[root]
            root = child
        else:
            break

def test_heap_sort():
    seq = [3, 5, 2, 6, 8, 1, 0, 3, 5, 6, 2]
    assert(heap_sort3(seq) == sorted(seq))
    print("테스트 통과!")

if __name__ == "__main__":
    test_heap_sort()
```

```
테스트 통과!
```

9.4 시간복잡도 비교

주요 정렬 기법의 시간복잡도는 다음과 같다. 버킷 정렬이나 기수 정렬은 이 책에서 다루지 않았다. 독자의 숙제로 남겨둔다.

알고리즘	자료구조	시간복잡도			공간복잡도
		최선	평균	최악	최악
퀵 정렬	배열	$O(n \log n)$	$O(n \log n)$	$O(n^2)$	$O(n)$
병합 정렬	배열	$O(n \log n)$	$O(n \log n)$	$O(n \log n)$	$O(n)$
힙 정렬	배열	$O(n \log n)$	$O(n \log n)$	$O(n \log n)$	$O(1)$
거품 정렬	배열	$O(n)$	$O(n^2)$	$O(n^2)$	$O(1)$
삽입 정렬	배열	$O(n)$	$O(n^2)$	$O(n^2)$	$O(1)$
선택 정렬	배열	$O(n^2)$	$O(n^2)$	$O(n^2)$	$O(1)$
버킷 정렬	배열	$O(n+k)$	$O(n+k)$	$O(n^2)$	$O(nk)$
기수 정렬	배열	$O(nk)$	$O(nk)$	$O(nk)$	$O(n+k)$

9.5 연습문제

9.5.1 가장 큰 항목 k개 찾기

퀵 정렬 코드를 응용하여 리스트에서 k개의 가장 큰 항목을 찾아보자. 다음 장에서도 비슷한 예제를 살펴볼 것이다.

9장_정렬/8_find_k_largest_seq_quicksort.py

```python
import random


def swap(seq, x, y):
    seq[x], seq[y] = seq[y], seq[x]


def quick_select(seq, k, left=None, right=None):
    left = left or 0
    right = right or len(seq) - 1
    ipivot = random.randint(left, right)
    pivot = seq[ipivot]

    # 피벗을 정렬 범위 밖으로 이동한다.
    swap(seq, ipivot, right)
    swapIndex, i = left, left
    while i < right:
        if seq[i] < pivot:
            swap(seq, i, swapIndex)
            swapIndex += 1
        i += 1

    # 피벗 위치를 확정한다.
    swap(seq, right, swapIndex)
    # 피벗 위치를 확인한다.
    rank = len(seq) - swapIndex
    if k == rank:
        return seq[swapIndex]
    elif k < rank:
        return quick_select(seq, k, left=swapIndex+1, right=right)
    else:
        return quick_select(seq, k, left=left, right=swapIndex-1)
```

```
def find_k_largest_seq_quickselect(seq, k):
    # k번째로 큰 값을 찾는다.
    kth_largest = quick_select(seq, k)

    # k번째보다 큰 값을 저장한다.
    result = []
    for item in seq:
        if item >= kth_largest:
            result.append(item)
    return result

if __name__ == "__main__":
    seq = [3, 10, 4, 5, 1, 8, 9, 11, 5]
    k = 3
    print(find_k_largest_seq_quickselect(seq, k))
```

```
[9, 10, 11]
```

검색

가장 일반적인 **검색**searching 알고리즘은 **순차 검색**sequential search과 **이진 검색**binary search 이다. 순차 검색은 배열이 정렬되어 있지 않거나, 연결 리스트와 같이 입력이 동 적으로 할당되는 경우 흔히 사용한다. 이진 검색은 배열이 정렬되어 있는 경우 최 선의 선택이다. 해시 테이블은 보조 메모리 공간을 사용하지만, 키를 이용하면 O(1)에 원하는 값을 검색할 수 있다.

10.1 정렬되지 않은 배열

10.1.1 순차 검색

다음 예제에서 리스트 항목에 대한 순차 검색의 시간복잡도를 살펴보자. 어떤 리 스트에 검색하려는 항목이 들어 있다면, 최선의 경우 시간복잡도는 O(1)이다. 평 균은 O(n/2)이고, 최악의 경우 O(n)이다. 리스트에 검색하려는 항목이 없다면, 최악/최선/평균 모두 O(n)이다.

10장_검색/1_sequential_search.py

```python
def sequential_search(seq, n):
    for item in seq:
        if item == n:
            return True
    return False

def test_sequential_search():
    seq = [1, 5, 6, 8, 3]
    n1 = 5
    n2 = 7
    assert(sequential_search(seq, n1) is True)
    assert(sequential_search(seq, n2) is False)
    print("테스트 통과!")

if __name__ == "__main__":
    test_sequential_search()
```

리스트가 정렬되어 있다면, 리스트 안에 검색하려는 항목이 없는 경우에도 검색하려는 항목이 있을 때와 같은 실행 시간을 가질 수 있다.

10장_검색/2_ordered_sequential_search.py

```python
def ordered_sequential_search(seq, n):
    item = 0
    for item in seq:
        if item > n:
            return False
        if item == n:
            return True
    return False

def test_ordered_sequential_search():
    seq = [1, 2, 4, 5, 6, 8, 10]
    n1 = 10
    n2 = 7
    assert(ordered_sequential_search(seq, n1) is True)
    assert(ordered_sequential_search(seq, n2) is False)
    print("테스트 통과!")


if __name__ == "__main__":
    test_ordered_sequential_search()
```

테스트 통과!

10.1.2 빠른 선택과 순서통계량

퀵 정렬 알고리즘을 약간 수정하여 리스트에서 k번째로 작은 항목을 찾아보자 ('9.5 연습문제'에서는 k개의 가장 큰 항목을 찾았다). 이러한 숫자 k를 k번째 순서통계량order statistic이라 부른다. 최솟값, 최댓값, 중앙값 등이 대표적인 순서통계량이다. $O(n) = O(n) + O(n/2) + O(n/4)\cdots$ 알고리즘의 시간복잡도는 각 반복에서 하나만 보면 되기 때문에 최악의 경우 $O(n)$이다.

10장_정렬/3_quick_select.py

```python
import random

def quick_select_cache(seq, k):
    len_seq = len(seq)
    if len_seq < 2:
        return seq[0]

    # 피벗을 무작위로 선택할 수 있다.
    # pivot = random.choice(seq)
    ipivot = len_seq // 2
    pivot = seq[ipivot]

    smallerList = [x for i, x in enumerate(seq) if x <= pivot and i != ipivot]
    largerList = [x for i, x in enumerate(seq) if x > pivot and i != ipivot]

    m = len(smallerList)
    if k == m:
        return pivot
    elif k < m:
        return quick_select_cache(smallerList, k)
    else:
        return quick_select_cache(largerList, k-m-1)

def swap(seq, x, y):
    seq[x], seq[y] = seq[y], seq[x]

def quick_select(seq, k, left=None, right=None):
    left = left or 0
    right = right or len(seq) - 1
    ipivot = random.randint(left, right)
    pivot = seq[ipivot]

    # 피벗을 정렬 범위 밖으로 이동한다.
    swap(seq, ipivot, right)
    swapIndex, i = left, left
    while i < right:
```

```
            if pivot < seq[i]:
                swap(seq, i, swapIndex)
                swapIndex += 1
            i += 1

        # 피벗 위치를 확정한다.
        swap(seq, right, swapIndex)

        # 피벗 위치를 확인한다.
        rank = len(seq) - swapIndex
        if k == rank:
            return seq[swapIndex]
        elif k < rank:
            return quick_select(seq, k, swapIndex+1, right)
        else:
            return quick_select(seq, k, left, swapIndex-1)

if __name__ == "__main__":
    seq = [3, 7, 2, 1, 4, 6, 5, 10, 9, 11]
    k = len(seq) // 2
    print(sorted(seq))
    print(quick_select_cache(seq, k-1))

    # 아래 함수는 원본을 수정하므로 깊은 복사 실행
    import copy
    seq_copy = copy.deepcopy(seq)
    print(quick_select(seq_copy, k))

    # 중앙값(median) 출력을 위해서 넘파이를 사용함
    import numpy
    print(numpy.median(seq))
```

```
[1, 2, 3, 4, 5, 6, 7, 9, 10, 11]
5
5
5.5
```

일반적으로, 배열의 중앙에 있는 값보다 '큰' 값으로 중앙값을 정의할 수 있다.[1] 이러한 정의는 가장 가까운 이웃nearest neighbor 또는 최단 경로shortest path를 찾는 등의 문제를 풀 때 중요하다.

10.2 정렬된 배열

10.2.1 이진 검색

이진 검색은 정렬된 배열 내에서 지정된 입력값의 위치(키)를 찾는다. 이진 검색은 알고리즘의 각 단계에서 입력값과 배열 중간 요소를 비교한다. 입력값과 중간 요소가 일치한다면, 배열의 위치가 반환된다. 입력값이 중간 요소보다 작으면, 중간 요소의 왼쪽 하위 배열에서 검색 과정을 반복한다. 입력값이 중간 요소보다 큰 경우 중간 요소의 오른쪽 하위 배열에서 검색 과정을 반복한다. 이진 검색의 시간 복잡도는 $O(\log n)$이다.

10장_검색/4_binary_search.py

```python
# 재귀함수
def binary_search_rec(seq, target, low, high):
    if low > high:
        return None
    mid = (low + high) // 2
    if target == seq[mid]:
        return mid
    elif target < seq[mid]:
        return binary_search_rec(seq, target, low, mid-1)
    else:
        return binary_search_rec(seq, target, mid+1, high)

# 반복문
def binary_search_iter(seq, target):
    high, low = len(seq), 0
    while low < high:
```

---

1 역자주_ 예제에서 넘파이 출력을 보면 알 수 있듯 원소가 짝수 개일 때는 중앙에 있는 두 값의 평균을 중앙값으로 삼기도 한다.

```
            mid = (high + low) // 2
            if target == seq[mid]:
                return mid
            elif target < seq[mid]:
                high = mid
            else:
                low = mid + 1
        return None

def test_binary_search():
    seq = [1, 2, 5, 6, 7, 10, 12, 12, 14, 15]
    target = 6
    assert(binary_search_iter(seq, target) == 3)
    assert(binary_search_rec(seq, target, 0, len(seq)) == 3)
    print("테스트 통과!")

if __name__ == "__main__":
    test_binary_search()
```

테스트 통과!

10.2.2 bisect 모듈

파이썬의 내장 bisect 모듈로 이진 검색을 할 수도 있다.

```
>>> from bisect import bisect
>>> l = [0, 3, 4, 5]
>>> bisect(l, 5)
4
>>> # 빈 리스트 혹은 값이 없는 예외의 경우
>>> bisect(l, -1)
0
>>> bisect(l, 1)
1
>>> bisect(l, 7)
4
>>> bisect([], 1)
0
```

예제에서 bisect() 함수는 입력값 5의 리스트 위치(인덱스 + 1)를 반환한다. 그 밖에도 bisect 모듈에는 bisect_right()와 bisect_left() 함수가 있다.

10.3 연습문제

10.3.1 행렬 검색

각 행과 열이 정렬되어 있는 행렬에서 한 항목을 검색한다고 해보자. 즉, 모든 행은 왼쪽에서 오른쪽으로, 모든 열은 위에서 아래로 정렬(오름차순)되어 있다. 다음 코드의 시간복잡도는 선형으로 O(m+n)이다.

10장_검색/5_search_entry_matrix.py

```python
def find_elem_matrix_bool(m1, value):
    found = False
    row = 0
    col = len(m1[0]) - 1
    while row < len(m1) and col >= 0:
        if m1[row][col] == value:
            found = True
            break
        elif m1[row][col] > value:
            col -= 1
        else:
            row += 1
    return found

def test_find_elem_matrix_bool():
    m1 = [[1, 2, 8, 9], [2, 4, 9, 12], [4, 7, 10, 13], [6, 8, 11, 15]]
    assert(find_elem_matrix_bool(m1, 8) is True)
    assert(find_elem_matrix_bool(m1, 3) is False)
    m2 = [[0]]
    assert(find_elem_matrix_bool(m2, 0) is True)
    print("테스트 통과!")

if __name__ == "__main__":
    test_find_elem_matrix_bool()
```

다음 예제의 행렬은 한 행의 마지막 숫자가 다음 행의 첫 번째 숫자보다 작다. 즉,
모든 행이 오름차순으로 정렬되어 있다. 이 행렬에서 어떤 숫자를 무차별(브루트
포스)로 검색한다면 시간복잡도는 O(mn)이다. 하지만 이 행렬은 모든 행이 정렬
되어 있기 때문에 1차원 배열로 볼 수도 있다. 즉 O(log mn)의 이진 검색 알고리
즘을 사용할 수 있다.

10장_검색/6_searching_in_a_matrix.py

```python
def searching_in_a_matrix(m1, value):
    rows = len(m1)
    cols = len(m1[0])
    lo = 0
    hi = rows*cols
    while lo < hi:
        mid = (lo + hi) // 2
        row = mid // cols
        col = mid % cols
        v = m1[row][col]
        if v == value:
            return True
        elif v > value:
            hi = mid
        else:
            lo = mid+1
    return False

def test_searching_in_a_matrix():
    a = [[1, 3, 5], [7, 9, 11], [13, 15, 17]]
    import numpy
    b = numpy.array([(1, 2), (3, 4)])
    assert(searching_in_a_matrix(a, 13) is True)
    assert(searching_in_a_matrix(a, 14) is False)
    assert(searching_in_a_matrix(b, 3) is True)
    assert(searching_in_a_matrix(b, 5) is False)
    print("테스트 통과!")
```

```
if __name__ == "__main__":
    test_searching_in_a_matrix()
```

10.3.2 단봉형 배열

배열 요소들의 산포도를 그렸을 때 값이 증가했다가 다시 감소하는 곡선인 경우
이 배열을 **단봉형**^{unimodal}이라고 한다. 단봉형 배열에서 이진 검색을 사용하여 최댓
값을 찾아보자.

10장_검색/7_find_max_unimodal_array.py

```python
def find_max_unimodal_array(A):
    if len(A) <= 2:
        return None
    left = 0
    right = len(A)-1
    while right > left + 1:
        mid = (left + right) // 2
        if A[mid] > A[mid-1] and A[mid] > A[mid+1]:
            return A[mid]
        elif A[mid] > A[mid-1] and A[mid] < A[mid+1]:
            left = mid
        else:
            right = mid
    return None

def test_find_max_unimodal_array():
    seq = [1, 2, 5, 6, 7, 10, 12, 9, 8, 7, 6]
    assert(find_max_unimodal_array(seq) == max(seq))
    print("테스트 통과!")

if __name__ == "__main__":
    test_find_max_unimodal_array()
```

테스트 통과!

10.3.3 제곱근 계산하기

이진 검색을 사용하여 제곱근을 구할 수도 있다.

10장_검색/8_find_sqrt_bin_search.py

```python
def find_sqrt_bin_search(n, error=0.001):
    lower = n < 1 and n or 1
    upper = n < 1 and 1 or n
    mid = lower + (upper - lower) / 2.0
    square = mid * mid
    while abs(square - n) > error:
        if square < n:
            lower = mid
        else:
            upper = mid
        mid = lower + (upper - lower) / 2.0
        square = mid * mid
    return mid


if __name__ == "__main__":
    a = 2
    b = 9
    import math
    print(math.sqrt(a))
    print(find_sqrt_bin_search(a))
    print(math.sqrt(b))
    print(find_sqrt_bin_search(b))
```

```
1.4142135623730951
1.4142135381698608
3.0
3.0
```

10.3.4 빈도 계산하기

binary_search.py를 사용하여 정렬된 리스트에서 요소 k가 나타나는 횟수를
구해보자.

10장_검색/9_find_time_occurence_list.py

```python
from binary_search import binary_search_iter

def find_time_occurrence_list(seq, k):
    index_some_k = binary_search_iter(seq, k)
    count = 1
    sizet = len(seq)
    for i in range(index_some_k+1, sizet):
        if seq[i] == k:
            count += 1
        else:
            break
    for i in range(index_some_k-1, -1, -1):
        if seq[i] == k:
            count += 1
        else:
            break
    return count


def test_find_time_occurrence_list():
    seq = [1, 2, 2, 2, 2, 2, 2, 5, 6, 6, 7, 8, 9]
    k = 2
    assert(find_time_occurrence_list(seq, k) == 6)
    print("테스트 통과!")

if __name__ == "__main__":
    test_find_time_occurrence_list()
```

```
테스트 통과!
```

10.3.5 교집합 구하기

다음 예제에서는 세 가지 방법으로 두 리스트의 교집합을 구한다. 교집합을 구하는 가장 간단한 방법은 셋을 사용하는 것이지만, 이는 순서를 보장하지 않는다. 두 번째 방법에서는 병합 정렬을 적용한다. 세 번째 방법은 배열 중 하나가 다른 배열보다 훨씬 큰 경우에 적합하며, 이진 검색을 사용한다.

10장_검색/10_intersection_two_arrays.py

```
from binary_search import binary_search_iter

# 파이썬 set 사용
def intersection_two_arrays_sets(seq1, seq2):
    set1 = set(seq1)
    set2 = set(seq2)
    return set1.intersection(set2)

# 병합 정렬 사용
def intersection_two_arrays_ms(seq1, seq2):
    res = []
    while seq1 and seq2:
        if seq1[-1] == seq2[-1]:
            res.append(seq1.pop())
            seq2.pop()
        elif seq1[-1] > seq2[-1]:
            seq1.pop()
        else:
            seq2.pop()
    res.reverse()
    return res

# 이진 검색 사용
def intersection_two_arrays_bs(seq1, seq2):
    if len(seq1) > len(seq2):
        seq, key = seq1, seq2
    else:
        seq, key = seq2, seq1
    intersec = []
    for item in key:
        if binary_search_iter(seq, item):
```

```
            intersec.append(item)
    return intersec

def test_intersection_two_arrays():
    seq1 = [1, 2, 3, 5, 7, 8]
    seq2 = [3, 5, 6]
    assert(set(intersection_two_arrays_sets(seq1, seq2)) == set([3, 5]))
    assert(intersection_two_arrays_bs(seq1, seq2) == [3, 5])
    assert(intersection_two_arrays_ms(seq1, seq2) == [3, 5])
    print("테스트 통과!")

if __name__ == "__main__":
    test_intersection_two_arrays()
```

테스트 통과!

동적 계획법

메모이제이션

연습문제

동적 계획법dynamic programming[1]은 복잡한 문제를 재귀를 통해 간단한 하위 문제로 분류하여 단순화하여 해결하는 방법이다. 어떤 문제가 **최적 부분 구조**optimal substructure 와 **중복되는 부분 문제**overlapping subproblem를 갖고 있다면, 동적 계획법으로 해결할 수 있다.

최적 부분 구조는 답을 구하기 위해서 했던 계산을 반복해야 하는 문제의 구조를 말한다. 동적 계획법을 사용하려면 먼저 최적 부분 구조가 있는지 확인해야 한다. 동적 계획법은 부분 문제를 풀고 결과를 저장한 후, 다음 부분 문제(중복되는 부분 문제)를 푸는 과정에서 저장된 결과를 사용한다.

11.1 메모이제이션

메모이제이션memoization[2]은 프로그램이 동일한 계산을 반복할 때, 이전에 계산한 값을 메모리에 저장하여 동일한 계산의 반복 수행을 제거하여 프로그램의 실행 속도를 빠르게 하는 기법이다. 동적 계획법의 핵심이라고 할 수 있다.

11.1.1 피보나치 수열

파이썬과 같은 고급 언어는 반환 값을 캐싱하여 재귀식을 직접 구현할 수 있다. 같은 인수가 두 번 이상 호출되고, 그 결과가 캐시에서 직접 반환되는 메모이제이션 메서드를 구현해보자.

코드를 보기 전에 '8.3 함수의 실행 시간'에서 본 피보나치 수열의 재귀 버전을 호출하는 과정을 나타낸 그림을 다시 보자. 이 그림에는 노드 위의 숫자에 실행 순서를 표시했다.

---

1 역자주_ https://ko.wikipedia.org/wiki/동적_계획법
2 역자주_ https://ko.wikipedia.org/wiki/메모이제이션

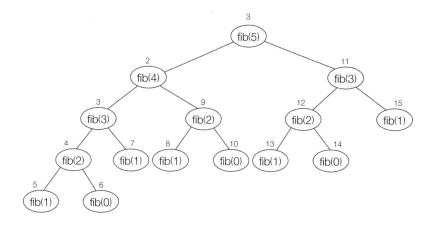

이 경우 다음 예제와 같이 중첩 함수를 사용하여 피보나치 수열 문제를 동적 계획법으로 해결할 수 있다. 메모이제이션 사용 여부에 따른 속도 차이를 보기 위해 함수를 세 가지 버전으로 작성했다.

11장_동적_프로그래밍/1_memoized_fib.py

```python
from functools import wraps

from benchmark import benchmark


def memo(func):
    cache = {}

    @wraps(func)
    def wrap(*args):
        if args not in cache:
            cache[args] = func(*args)
        return cache[args]
    return wrap

def fib(n):
    if n < 2:
        return 1
    else:
        return fib(n-1) + fib(n-2)
```

```
@memo
def fib2(n):
    if n < 2:
        return 1
    else:
        return fib2(n-1) + fib2(n-2)

def fib3(m, n):
    if m[n] == 0:
        m[n] = fib3(m, n-1) + fib3(m, n-2)
    return m[n]

@benchmark
def test_fib(n):
    print(fib(n))

@benchmark
def test_fib2(n):
    print(fib2(n))

@benchmark
def test_fib3(n):
    m = [0] * (n+1)
    m[0], m[1] = 1, 1
    print(fib3(m, n))

if __name__ == "__main__":
    n = 35
    test_fib(n)
    test_fib2(n)
    test_fib3(n)
```

이 코드에서 시간 측정을 위해 사용한 데커레이터 함수용 파일은 다음과 같다.

11장_동적_프로그래밍/benchmark.py

```
from functools import wraps
import time

def benchmark(method):
    @wraps(method)
```

```
def timed(*args, **kw):
    ts = time.time()
    result = method(*args, **kw)
    te = time.time()
    # print("%r: %2.2f ms" % (method.__name__, (te - ts) * 1000))
    # print(f"{method.__name__}: {((te-ts)*1000):.2f} ms")
    print("{0}: {1:0.2f} ms".format(method.__name__, ((te-ts)*1000)))
    return result

return timed
```

```
14930352
test_fib: 2988.32 ms
14930352
test_fib2: 0.06 ms
14930352
test_fib3: 0.03 ms
```

메모이제이션을 사용하면 다음 그림과 같이 반복을 줄일 수 있다. 칠해진 노드만
계산을 수행하며, 나머지는 이미 캐시된 값을 불러온다.

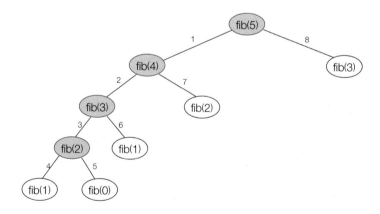

NOTE_ 데커레이터 함수에 `@wraps`를 사용하는 경우와 사용하지 않은 경우 결과 차이는 없지만, 데커레이터를 사용하는 함수의 **__name__** 과 **__doc__** 값은 차이가 있다. 파이썬 코드에서 데커레이터를 사용한다면, 디버깅을 위해서 `functools.wraps` 모듈을 사용한다. 다음 코드로 `functools.wraps` 사용법을 이해해보자. 스택오버플로에 있는 코드(*https://stackoverflow.com/questions/308999*)를 참조했다.

11장_동적_프로그래밍/functools_wraps.py

```python
from functools import wraps

def logged(func):
    def with_logging(*args, **kwargs):
        """with_logging() 함수"""
        print(func.__name__ + " 호출")
        return func(*args, **kwargs)
    return with_logging

@logged
def f(x):
    """첫 번째, 데커레이터 사용 """
    return x + x * x

def f2(x):
    """두 번째, 데커레이터 사용 X """
    return x + x * x

def logged2(func):
    @wraps(func)
    def with_logging(*args, **kwargs):
        print(func.__name__ + " 호출")
        return func(*args, **kwargs)
    return with_logging

@logged2
def f3(x):
    """세 번째, wraps와 데커레이터 사용 """
    return x + x * x

if __name__ == "__main__":
    print("결과: {0}".format(f(5)))
```

```
print("__name__: {0}".format(f.__name__))
print("__doc__: {0}".format(f.__doc__))
print("---------------------------")
f2 = logged(f2)
print("결과: {0}".format(f2(5)))
print("__name__: {0}".format(f2.__name__))
print("__doc__: {0}".format(f2.__doc__))
print("---------------------------")
print("결과: {0}".format(f3(5)))
print("__name__: {0}".format(f3.__name__))
print("__doc__: {0}".format(f3.__doc__))
```

```
f 호출
결과: 30
__name__: with_logging
__doc__: with_logging() 함수
---------------------------
f2 호출
결과: 30
__name__: with_logging
__doc__: with_logging() 함수
---------------------------
f3 호출
결과: 30
__name__: f3
__doc__: 세 번째, wraps와 데커레이터 사용
```

11.2 연습문제

11.2.1 최장 증가 부분열

메모이제이션의 또 다른 재미있는 예제는 주어진 리스트에서 **최장 증가 부분열**[longest] increasing subsequence[3]을 찾는 문제다. 증가하는 순서대로(오름차순으로) 숫자를 고른 부분열의 길이가 최대가 되게 하면 된다. 예를 들어 리스트 [94, 8, 78, 22, 38, 79, 93, 8, 84, 39]가 있다고 한다면, 가장 길게 증가하는 부분 리스트는 [8, 22, 38, 79, 93] 또는 [8, 22, 38, 79, 84]가 될 것이다.

$$[94, 8, 78, 22, 38, 79, 93, 8, 84, 39]$$
$$[94, 8, 78, 22, 38, 79, 93, 8, 84, 39]$$

다음 예제는 여러 방법을 활용하여 최장 증가 부분열의 요소 개수를 구하며, 각 방법별로 시간을 측정했다.

11장_동적_프로그래밍/2_memoized_longest_inc_subseq.py

```python
from bisect import bisect
from itertools import combinations
from functools import wraps

from benchmark import benchmark

def naive_longest_inc_subseq(seq):
    """ 1) 단순한 방법 """
    for length in range(len(seq), 0, -1):
        for sub in combinations(seq, length):
            if list(sub) == sorted(sub):
                return len(sub)

def dp_longest_inc_subseq(seq):
    """ 2) 동적 계획법 """
    L = [1] * len(seq)
    res = []
```

---

3 역자주_ *https://ko.wikipedia.org/wiki/최장_증가_부분_수열*

```
        for cur, val in enumerate(seq):
            for pre in range(cur):
                if seq[pre] <= val:
                    L[cur] = max(L[cur], 1 + L[pre])
        return max(L)


def memo(func):
    cache = {}

    @wraps(func)
    def wrap(*args):
        if args not in cache:
            cache[args] = func(*args)
        return cache[args]
    return wrap


def memoized_longest_inc_subseq(seq):
    """ 3) 메모이제이션 """
    @memo
    def L(cur):
        res = 1
        for pre in range(cur):
            if seq[pre] <= seq[cur]:
                res = max(res, 1 + L(pre))
        return res
    return max(L(i) for i in range(len(seq)))


def longest_inc_bisec(seq):
    """ 4) 이진 검색 """
    end = []
    for val in seq:
        idx = bisect(end, val)
        if idx == len(end):
            end.append(val)
        else:
            end[idx] = val
        # print(end)
    return len(end)


@benchmark
def test_naive_longest_inc_subseq():
    print(naive_longest_inc_subseq(s1))
```

```
@benchmark
def test_dp_longest_inc_subseq():
    print(dp_longest_inc_subseq(s1))

@benchmark
def test_memoized_longest_inc_subseq():
    print(memoized_longest_inc_subseq(s1))

@benchmark
def test_longest_inc_bisec():
    print(longest_inc_bisec(s1))

if __name__ == "__main__":
    # from random import randrange
    # s1 = [randrange(100) for i in range(20)]
    s1 = [94, 8, 78, 22, 38, 79, 93, 8, 84, 39]
    print(s1)
    test_naive_longest_inc_subseq()
    test_dp_longest_inc_subseq()
    test_memoized_longest_inc_subseq()
    test_longest_inc_bisec()
```

```
[94, 8, 78, 22, 38, 79, 93, 8, 84, 39]
5
test_naive_longest_inc_subseq: 0.29 ms
5
test_dp_longest_inc_subseq: 0.03 ms
5
test_memoized_longest_inc_subseq: 0.04 ms
5
test_longest_inc_bisec: 0.01 ms
```

이 코드의 2) 동적 계획법 및 3) 메모이제이션의 경우 실행 과정을 그림으로 나타
내면 다음과 같다.

	94	8	78	22	38	79	93	8	84	39
94	1									
8	1	1 +1								
78	1	2	2 +1							
22	1	2	2	2 +1						
38	1	2	2	3	3					
79	1	2	3	3	4	4				
93	1	2	3	3	4	5	5			
8	1	2	2	2	2	2	2	2		
84	1	2	3	3	4	5	5	5	5	
39	1	2	3	4	4	4	4	4	4	4

L[cur] 변화 과정

pre가 cur보다 작은 경우(cur보다 작은 항목이 오름차순 항목의 후보가 될 수 있다), L[pre]을 1 증가시켜서 L[cur]과 비교하여 큰 값을 다시 L[cur]에 저장한다(cur에서 pre의 항목을 비교 진행하는 과정에서 cur 기준으로 pre 항목들이 오름차순으로 증가하는지 계산한다). pre가 cur보다 큰 경우 L[cur] 값을 유지한다. 최종 결과는 [1, 1, 2, 2, 3, 4, 5, 2, 5, 4]이며, 최댓값은 5다. 최댓값은 두 개이며, 리스트의 결과 또한 두 개다([8, 22, 38, 79, 93] 또는 [8, 22, 38, 79, 84]).

한편 4) 이진 검색은 10장의 '10.2.2 bisect 모듈'에서 배운 내용을 활용한다. 이진 검색을 활용하면 최장 증가 부분열의 길이는 구할 수 있지만 최장 증가 부분열 자체를 구할 때는 코드를 수정해야 한다(그 이유는 코드의 # print(end) 부분의 주석을 해제하면 확인할 수 있다).

이 코드에서 1) 단순한 방법(재귀)의 경우 시간복잡도는 O(2n)이다. 2) 동적 계획법과 3) 메모이제이션은 O(n2), 4) 이진 검색의 경우 O(n log n)이다.

NOTE_ 『Hello Coding 알고리즘』(한빛미디어, 2017)에서는 동적 계획법에서 배낭 채우기 문제, 여행 일정 최적화 문제 등을 도표(격자)로 쉽게 설명하므로 읽어보는 것을 추천한다.

동적 계획법과 메모이제이션의 차이를 요약하자면, 도표를 그리는 방식(일반적인 동적 계획법의 접근 방식)은 상향식bottom-up이고, 메모이제이션(일반적인 재귀 함수의 호출 방식)은 하향식top-down이라는 점이다. 스택오버플로에 좋은 글(*https://stackoverflow.com/questions/6184869*)이 있으니 읽어보고, 이번 장의 소스 코드를 다시 한번 살펴보자.

## PART 3

아름다운 그래프와
트리의 세계

그래프 기초

12.1 용어

이번 장을 이해하려면 기본적인 용어를 숙지해야 한다. **그래프**graph는 여러 **노드**node(또는 **정점**vertex)들이 **간선**edge(또는 아크arc)으로 연결된 추상 네트워크를 뜻한다. 즉 그래프는 노드와 간선의 집합으로 정의되며 이를 수식으로 쓰면 다음과 같다.

$$G=(V, E)$$

여기서 노드 집합 V는 임의의 유한 집합이고, 간선 집합 E는 노드 쌍들의 집합이다. 예를 들어 노드 집합 V={a,b,c,d}이고 간선 집합 E={{a,b}, {b,c}, {c,d}, {d,a}}인 그래프는 다음과 같다.

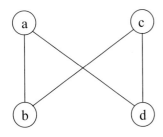

12.1.1 그래프 방향

그래프에는 방향이 있는 **유향**directed 그래프와 방향이 없는 **무향**undirected 그래프가 있다.

무향 그래프는 말 그대로 간선에 방향이 지정되어 있지 않다. 간선으로 연결된 노드는 서로 **인접**adjacent해 있으며, **이웃**neighbor이라고 한다.

유향 그래프의 경우 순서가 존재하므로 **말단**leaf 노드가 존재한다. 노드 u와 v 사이의 간선은 u에서 v까지의 간선 (u, v) 또는 v에서 u까지의 간선 (v, u)이 있다. 유향 그래프 G에서 함수 E(G)는 V(G)에 대한 관계라고도 말할 수 있다.

12.1.2 부분 그래프

부분 그래프subgraph1는 그래프 G에서 집합 V와 E로 구성된 그래프의 일부다.

다음과 같은 그래프 G가 있다고 하자.

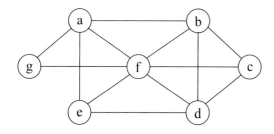

다음 예들이 그래프 G의 부분 그래프다.

---

1 역자주_ https://ko.wikipedia.org/wiki/부분_그래프

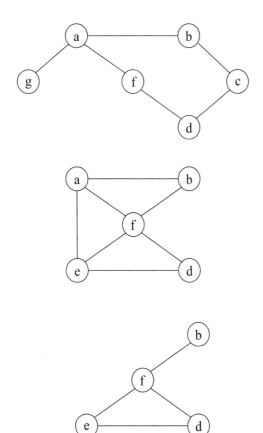

위의 부분 그래프를 차례로 G_1, G_2, G_3라고 했을 때, G_3는 G_2의 유도 부분 그래프induced subgraph라고 한다.

한편, **신장 부분 그래프**spanning subgraph**2**는 원본 그래프의 모든 노드를 포함하는 부분 그래프를 말한다. 다음 그림에서 간선을 굵게 표시한 부분이 신장 부분 그래프(또는 신장 트리 그래프)다.

---

2 역자주_ https://ko.wikipedia.org/wiki/신장_부분_그래프

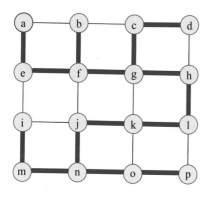

12.1.3 완전 그래프

완전 그래프complete graph[3]는 그래프의 모든 노드가 서로 인접한 그래프를 말한다. 다음 그림은 완전 그래프의 예다.

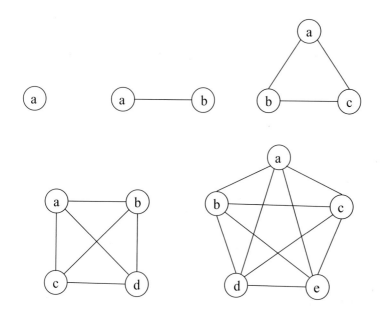

---

[3] 역자주_ https://ko.wikipedia.org/wiki/완전_그래프

12.1.4 차수

한 노드에 이어져 있는 간선의 수를 **차수**degree라고 한다. 차수가 0인 노드는 **고립**isolated되었다고 부른다. 유향 그래프의 경우는 **입력 차수**in-degree와 **출력 차수**out-degree로 나눌 수 있다. 입력 차수는 한 노드로 들어오는 간선 수를 말하며, 출력 차수는 한 노드에서 나가는 간선 수를 말한다.

12.1.5 경로, 보행, 순환

그래프에서 **경로**path는 간선이 어느 노드도 다시 방문하지 않고, 노드가 일렬로 연결된 부분 그래프다. 유향 그래프에서 경로는 간선의 방향을 따른다.

보행walk은 노드와 간선을 번갈아 가며 반복적으로 방문하는 노드와 간선이다. 경로는 노드와 간선이 모두 중복되지 않는 보행과 같다.

순환cycle은 경로와 같지만 마지막에 연결된 간선의 노느가 다시 첫 번째 노드에 연결된다.

12.1.6 경로 길이

경로 또는 보행의 **길이**length는 간선의 수와 동일하다.

12.1.7 가중 그래프

가중 그래프는 간선에 **가중치**weight가 있는 그래프다. 경로 또는 순환의 가중치는 해당하는 간선들의 가중치의 총합이다. 가중 그래프가 아닌 경우에는 경로와 순환의 가중치가 간선의 수와 같다.

평면 그래프

평면 그래프planar graph4는 간선을 서로 횡단하지 않고 평면에 그릴 수 있는 그래프를

---

4 역자주_ https://ko.wikipedia.org/wiki/평면_그래프

말한다. 이 그래프는 간선에 의해 경계면$^{bounded\ face}$을 가진다. 연결된 평면 그래프의 **오일러 공식**$^{Euler's\ formula}$5에 따르면 $V - E + F = 2$이다(V: 노드 수, E: 간선 수, F: 면 수).

자 그러면 다음 그래프는 평면 그래프일까?

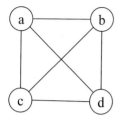

두 간선이 교차하기 때문에 평면 그래프가 아닌 것 같지만, 위 그래프는 평면 그래프다. 다음 그림과 같이 변환을 통해 다양한 형태로 평면에 다시 나타낼 수 있기 때문이다.

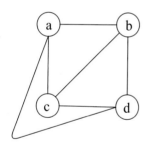
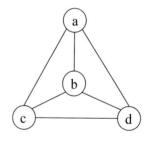

첫 번째 그래프와 같이 그래프를 변형하면 두 번째 그래프도 만들 수 있는데, 여기에 오일러 공식을 대입하면 $4 - 6 + 4 = 2$다(노드 수 − 간선 수 + 면 수 = 2).

순회

순회^{traversal}는 그래프에 연결된 모든 요소를 탐색하는 일을 말한다. 순회에서 중요

---

5 **역자주_** 오일러 공식에 대한 20가지 증명 방식은 다음 문서를 참조한다.
  https://www.ics.uci.edu/~eppstein/junkyard/euler

한 것은 (아직 방문하지 않은) 노드의 순회 순서다.

강한 연결 요소

무향 그래프는 모든 노드에서 다른 모든 노드로 가는 경로가 존재할 때 **연결**connected되어 있다고 한다. 유향 그래프도 마찬가지다.

연결 요소connected component6는 모든 노드가 연결된 최대 부분 그래프를 말한다. 연결 요소는 깊이 우선 탐색(DFS)과 너비 우선 탐색(BFS) 같은 순회 알고리즘을 사용하여 찾을 수 있다. 이들 알고리즘은 14장에서 살펴본다.

유향 그래프에서 모든 노드에서 다른 모든 노드까지의 경로가 있으면, **강하게 연결**strongly connected되었다고 부른다. 이때 **강한 연결 요소**strongly connected component는 강하게 연결된 최대 하위 그래프를 말한다.

트리와 포레스트

포레스트(숲)forest는 순환이 없는cycle-free 그래프다. **트리(나무)**tree는 비순환적이고acyclic 연결되어 있는 유향 그래프를 말한다. 포레스트는 하나 이상의 트리로 구성되어 있다. 즉, 서로 독립적인 트리의 모임이다.

트리에서 두 노드는 정확히 하나의 경로로 연결된다. 트리에 새로운 간선을 하나 추가하면 순환이 생기고, 어떤 간선을 제거하면 연결되지 않은 요소가 생성된다.

12.2 이웃 함수

그래프의 **이웃 함수**neighborhood function N(V)는 모든 이웃 V의 컨테이너(또는 반복 가능한 객체)다. 그래프의 이웃 함수로 가장 잘 알려진 자료구조는 인접 리스트와 인접 행렬이다.

---

6 역자주_ https://en.wikipedia.org/wiki/Connected_component_(graph_theory)

12.2.1 인접 리스트

인접 리스트adjacency list[7]에서는 각 노드에서 이웃 리스트(셋 또는 컨테이너와 같은 반복 가능한 객체)에 접근할 수 있다. n개의 노드가 있을 때, 각 노드의 인접(또는 이웃) 리스트는 단순한 숫자 리스트다. 숫자로 노드에 접근 가능한(인덱싱 가능한) n개의 메인 리스트에 각 노드의 인접 리스트를 추가하면 된다. 인접 리스트의 추가 순서는 보통 임의적이다.

셋

파이썬에서는 셋을 사용하면 인접 리스트를 구현할 수 있다.

```
>>> a,b,c,d,e,f = range(6) # 6개 노드
>>> N = [{b,c,d,f}, {a,d,f}, {a,b,d,e}, {a,e}, {a,b,c}, {b,c,d,e}]
>>> b in N[a] # 멤버십 테스트
True
>>> b in N[b] # 멤버십 테스트
False
>>> len(N[f]) # 차수
4
```

리스트

혹은 리스트를 사용하여 인접 리스트를 구현할 수도 있다. 이 경우 모든 노드 V에서 N(V)를 효율적으로 순회할 수 있다. 셋을 리스트로 바꾸면 멤버십 테스트의 시간복잡도가 O(n)이 된다.[8] 알고리즘을 수행하는 어떤 작업이 이웃 노드를 반복해서 접근하는 경우 리스트를 사용하는 게 좋을 것이다. 그래프가 촘촘한 경우(간선이 많은 경우)에는 셋을 사용하는 게 더 좋다.

```
>>> a,b,c,d,e,f = range(6) # 6개 노드
>>> N = [[b,c,d,f], [a,d,f], [a,b,d,e], [a,e], [a,b,c], [b,c,d,e]]
```

---

7 역자주_ https://en.wikipedia.org/wiki/Adjacency_list
8 역자주_ 셋의 경우 평균 시간복잡도는 O(1)이고, 최악의 경우 O(n)이다.
   https://wiki.python.org/moin/TimeComplexity 참조.

```
>>> b in N[a] # 멤버십 테스트
True
>>> b in N[b] # 멤버십 테스트
False
>>> len(N[f]) # 차수
4
```

파이썬 리스트 중간에서 어떤 한 객체를 삭제하는 시간복잡도는 O(n)이지만, 리스트 끝에서 삭제한다면 O(1)이다. 이웃 노드의 순서가 중요하지 않다면, 삭제하려는 임의의 이웃을 마지막 항목으로 위치를 바꾼^{swap} 다음, pop()을 호출하여 O(1)에 임의의 이웃을 삭제할 수 있다.

딕셔너리

끝으로 딕셔너리로 인접 리스트를 구현해보자. 노드가 키가 되고, 각 노드를 간선 가중치 등의 값으로 연결할 수 있다.

```
>>> a,b,c,d,e,f = range(6) # 6개 노드
>>> N = [{b:2,c:1,d:4,f:1}, {a:4,d:1,f:4}, {a:1,b:1,d:2,e:4}, {a:3,e:2},
{a:3,b:4,c:1}, {b:1,c:2,d:4,e:3}]
>>> b in N[a] # 멤버십 테스트
True
>>> len(N[f]) # 차수
4
>>> N[a][b] # (a,b)의 간선 가중치
2
```

딕셔너리의 기본 구조를 활용하면 조금 더 유연하게 인접 리스트를 만들 수 있다. 예를 들어 다음과 같이 딕셔너리를 인접 셋에 활용할 수 있다.

```
>>> a,b,c,d,e,f = range(6) # 6개 노드
>>> N = { 'a':set('bcdf'), 'b':set('adf'), 'c':set('abde'), 'd':set('ae'),
'e':set('abc'), 'f':set('bcde')}
>>> 'b' in N['a'] # 멤버십 테스트
True
```

```
>>> len(N['f']) # 차수
4
```

12.2.2 인접 행렬

인접 행렬adjacent matrix은 각 노드의 모든 이웃에 대해 하나의 행을 갖는다. 각 행의 값은 1(True)과 0(False)으로 이루어진다. 인접 행렬은 중첩 리스트로 간단하게 구현할 수 있다. 행렬의 대각선diagonal 요소는 항상 0이다.

```
>>> a,b,c,d,e,f = range(6) # 6개 노드
>>> N = [[0,1,1,1,0,1], [1,0,0,1,0,1], [1,1,0,1,1,0], [1,0,0,0,1,0],
[1,1,1,0,0,0], [0,1,1,1,1,0]]
>>> N[a][b] # 멤버십 테스트
1
>>> N[a][e]
0
>>> sum(N[f]) # 차수
4
```

무향 그래프의 인접 행렬은 항상 **대칭**symmetric이다. 인접 행렬에 가중치를 추가하려면, 1과 0 값을 다른 숫자로 바꾸면 된다. 존재하지 않는 간선은 float('inf'), None, −1, 혹은 매우 큰 값 등으로 나타내면 된다.

```
>>> _ = float('inf')
>>> N = [[_,2,1,4,_,1], [4,_,_,1,_,4], [1,1,_,2,4,_], [3,_,_,_,2,_],
[3,4,1,_,_,_], [1,2,_,4,3,_]]
>>> N[a][b] < _  # 멤버십 테스트
True
>>> sum(1 for w in N[f] if w < _) # 차수
4
```

인접 행렬에서 간선을 찾는 시간복잡도는 O(1)이며, 어떤 노드의 이웃을 순회하는 시간복잡도는 O(n)이다.

12.3 트리와의 연결점

그래프에서 어떤 노드는 다른 노드에 의에 다중 참조될 수 있다. 하지만 트리에서는 각 노드는 최대 하나의 **부모**parent 노드(상위 노드)에 의해서만 참조된다. **루트**root 노드는 부모가 없는 노드를 말한다. 부모 노드를 참조하는 노드는 **자식**child 노드다. 트리에 대한 용어는 다음 장에서 다시 자세히 살펴볼 것이다.

12.3.1 트리 구현하기

트리를 구현하는 가장 간단한 방법은 중첩 리스트를 사용하는 것이다.

```
>>> T = ['a', ['b', ['d', 'f']], ['c', ['e', 'g']]]
>>> T[0]
'a'
>>> T[1][0]
'b'
>>> T[1][1][0]
'd'
>>> T[1][1][1]
'f'
>>> T[2][0]
'c'
>>> T[2][1][1]
'g'
```

그러나 이 코드에서는 두 개 이상의 **가지**branch를 추가하면 트리를 다루기가 매우 불편해진다. 따라서 트리를 클래스로 정의하는 것이 좋다. 간단한 트리 클래스를 정의해보자.

12장_그래프_기본/1_tree.py

```
class SimpleTree(object):
    def __init__(self, value=None, children=None):
        self.value = value
        self.children = children
        if self.children is None:
```

```
                    self.children = []

        def __repr__(self, level=0):
            ret = "\t"*level + repr(self.value) + "\n"
            for child in self.children:
                ret += child.__repr__(level+1)
            return ret

def main():
    st = SimpleTree('a', [
            SimpleTree('b',
                [
                    SimpleTree('d'),
                    SimpleTree('e')
                ]),
            SimpleTree('c', [
                SimpleTree('h'),
                SimpleTree('g')
            ])
    ])
    print(st)

if __name__ == "__main__":
    main()
```

```
'a'
        'b'
                'd'
                'e'
        'c'
                'h'
                'g'
```

다음 장에서는 이 클래스를 좀 더 개선할 것이다.

마지막으로, 트리와 같은 자료구조를 프로토타이핑할 때는, 생성자에서 임의의 속성을 지정하여 유연하게 구현하는 것이 좋다. 딕셔너리 클래스를 특수화^{specialization}한 다음 클래스를 살펴보자.

```python
class BunchClass(dict):
    def __init__(self, *args, **kwds):
        super(BunchClass, self).__init__(*args, **kwds)
        self.__dict__ = self

def main():
    # 1) 딕셔너리 특수화
    bc = BunchClass  # ()가 없다.
    tree = bc(left=bc(left="Buffy", right="Angel"),
            right=bc(left="Willow", right="Xander"))
    print(tree)

    # 2) 일반 딕셔너리
    tree2 = dict(left=dict(left="Buffy", right="Angel"),
              right=dict(left="Willow", right="Xander"))
    print(tree2)

if __name__ == "__main__":
    main()
```

```
{'left': {'left': 'Buffy', 'right': 'Angel'}, 'right': {'left': 'Willow',
'right': 'Xander'}}
{'left': {'left': 'Buffy', 'right': 'Angel'}, 'right': {'left': 'Willow',
'right': 'Xander'}}
```

__init__() 메서드의 *args와 **kwds를 통해 임의의 수의 인수와 키워드 인수를 저장할 수 있다.

이진 트리

이진 트리binary tree1는 노드가 최대 두 개의 자식 노드(**왼쪽**left과 **오른쪽**right)를 갖는 자료구조다. 자식 노드는 부모 노드에 대한 참조를 포함할 수 있다. 트리의 **루트** 노드는 모든 노드의 조상이다.

13.1 용어

그래프와 마찬가지로 트리도 기본적인 용어를 먼저 살펴보겠다. 그래프와 겹치는 용어가 많다.

- **노드 차수**degree : 자식 수
- **경로**path : 한 노드(부모)에서 다른 노드(자식)에 이르는 노드들의 순서
- **경로 길이**length : 한 노드에서 다른 노드로 가는 간선의 수. 시작 노드와 끝 노드가 같다면 경로의 길이는 0이다.
- **형제**sibling **노드** : 부모가 같은 두 노드
- **외부**external **노드(말단 노드)** : 자식이 없는 노드(차수가 0인 노드)
- **내부**internal **노드(가지 노드)** : 자식이 있는 노드(차수가 0이 아닌 노드)
- **노드 깊이**depth : 루트 노드에서 어떤 노드로 가는 경로의 길이. 루트 노드의 깊이는 0이다.
- **노드 레벨**level : (루트 노드에서 어떤 노드로 가는 경로의 길이 + 1)이다. 즉 루트 노드의 레벨은 1이다. 같은 레벨을 가지는 노드의 집합을 레벨이라고 부르기도 한다.
- **노드 높이**height : 한 노드와 단말 노드 사이의 최대 경로 길이
- **크기**size : 모든 노드의 수

예시로 다음 그림을 살펴보자.

---

1 역자주_ https://ko.wikipedia.org/wiki/이진_트리

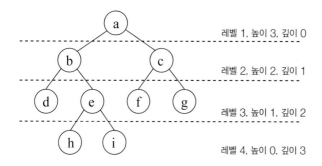

루트 노드 a의 높이 3은 곧 트리의 높이와 같다.

또한 이진 트리는 여러 종류가 있는데, 그중 널리 쓰이는 것은 포화 이진 트리와 완전 이진 트리다. 먼저 **포화 이진 트리**^{perfect binary tree}는 모든 내부 노드가 두 개의 자식 노드를 가지며 모든 말단 노드가 같은 깊이 또는 레벨을 가진다.

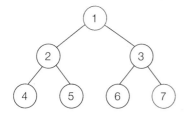

완전 이진 트리^{complete binary tree}는 마지막 레벨을 제외한 모든 레벨이 완전히 채워져 있고, 마지막 레벨의 모든 말단 노드는 왼쪽에 있다.

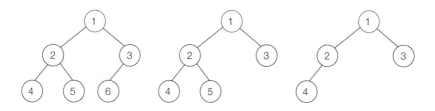

이진 트리에서 노드 차수는 최대 2다. 트리에 m개의 내부 노드가 있고, 각 내부 노드에 두 개의 자식 노드가 있다고 가정한다. 또한 트리에 n개의 말단 노드가 있다면, 트리의 차수는 n − 1이다.

$$2m = n + m - 1$$
$$따라서 \ m = n - 1$$

트리의 노드가 n개 일 경우 가지(분기)branch 또는 차수는 n − 1이다. 포화 이진 트리의 높이(h)와 말단 노드 수(n)의 관계를 그림으로 나타내면 다음과 같다.

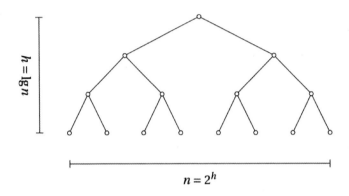

그림에서 포화 이진 트리의 높이 h = $\log_2 n$ = $\log_2 8$ = $\log_2 2^3$ = 3이고, 말단 노드 수 n = 2^h = 2^3 = 8이다. 또한, 포화 이진 트리의 총 노드 수는 $2^{h+1} - 1$ = $2^{3+1} - 1$ = 15다.

13.2 이진 트리 구현하기

이진 트리를 구현하는 가장 단순한 방법은 리스트를 사용하는 것이다. 다음 코드는 루트 노드와 두 개의 빈 하위 리스트가 있는 리스트를 만든다. 루트 노드의 왼쪽에 서브 트리를 추가하려면 루트 노드의 리스트 두 번째 위치에 새 리스트를 삽입하면 된다. 하지만 이 코드는 리스트 중간에 노드를 삽입하거나 꺼낼pop 때 제한이 있으므로 매우 비효율적이다.

13장_이진_트리/1_BT_lists.py

```
def BinaryTreeList(r):
    return [r, [], []]
```

```python
def insertLeft(root, newBranch):
    t = root.pop(1)
    if len(t) > 1:
        root.insert(1, [newBranch, t, []])
    else:
        root.insert(1, [newBranch, [], []])
    return root

def insertRight(root, newBranch):
    t = root.pop(2)
    if len(t) > 1:
        root.insert(2, [newBranch, [], t])
    else:
        root.insert(2, [newBranch, [], []])
    return root

def getRootVal(root):
    return root[0]

def setRootVal(root, newVal):
    root[0] = newVal

def getLeftChild(root):
    return root[1]

def getRightChild(root):
    return root[2]

def main():
    r = BinaryTreeList(3)
    insertLeft(r, 4)
    insertLeft(r, 5)
    insertRight(r, 6)
    insertRight(r, 7)
    print(getRootVal(r))
    print(getLeftChild(r))
    print(getRightChild(r))

if __name__ == "__main__":
    main()
```

```
3
[5, [4, [], []], []]
[7, [], [6, [], []]]
```

결과를 그림으로 표현하면 다음과 같다.

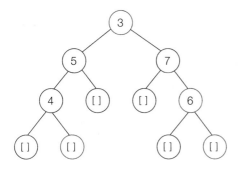

이 예제 코드는 노드의 검색, 추가 등의 작업이 매우 비효율적이므로, 다음 코드에서는 이진 트리를 클래스로 표현한다. 이진 트리의 노드는 왼쪽과 오른쪽 자식 노드에 대한 특성을 가진다. 노드의 두 자식 노드를 검사하여, 값이 없을 경우 말단 노드인지 확인할 수 있다.

13장_이진_트리/2_binary_tree.py (binary_tree.py)

```
"""
다음 그림의 이진 트리를 구현한다.

                    1           ---> 레벨 1
              2           3     ---> 레벨 2
           4     5              ---> 레벨 3
        6     7                 ---> 레벨 4
     8     9                    ---> 레벨 5

   속성은 다음과 같다.
    - 노드의 개수(크기): n = 9
    - 분기(또는 내부 노드) 수: b = n-1 = 8
    - 루트 노드: 1
    - 최대 깊이 또는 높이: h = 4
```

```
        - 균형 트리입니까? NO
        - 이진 탐색 트리입니까? NO
"""


class Height(object):
    def __init__(self):
        self.height = 0


class NodeBT(object):
    def __init__(self, value=None, level=1):
        self.value = value
        self.level = level
        self.left = None
        self.right = None

    def __repr__(self):
        return "{}".format(self.value)

    def _add_next_node(self, value, level_here=2):
        new_node = NodeBT(value, level_here)
        if not self.value:
            self.value = new_node
        elif not self.left:
            self.left = new_node
        elif not self.right:
            self.right = new_node
        else:
            # 노드에 왼쪽 오른쪽 자식이 모두 있다면,
            # 왼쪽 자식 노드에 새 노드를 추가한다.
            # 그래서 예제의 트리가 왼쪽으로 치우쳐 있다.
            self.left = self.left._add_next_node(value, level_here+1)
        return self

    def _search_for_node(self, value):
        # 전위 순회(pre-order)로 값을 찾는다.
        if self.value == value:
            return self
        else:
            found = None
            if self.left:
```

```
                found = self.left._search_for_node(value)
            if self.right:
                found = found or self.right._search_for_node(value)
            return found

    def _is_leaf(self):
        # 왼쪽, 오른쪽 자식이 모두 없는 노드
        return not self.right and not self.left

    def _get_max_height(self):
        # 노드에서 최대 높이를 얻는다 - O(n)
        heightr, heightl = 0, 0
        if self.right:
            heightr = self.right._get_max_height() + 1
        if self.left:
            heightl = self.left._get_max_height() + 1
        return max(heightr, heightl)

    def _is_balanced(self, height=Height()):
        # 균형 트리인지 확인한다 - O(n)
        lh = Height()
        rh = Height()

        if self.value is None:
            return True

        l, r = True, True
        if self.left:
            l = self.left._is_balanced(lh)
        if self.right:
            r = self.right._is_balanced(rh)

        height.height = max(lh.height, rh.height) + 1

        if abs(lh.height - rh.height) <= 1:
            return l and r

        return False

    def _is_bst(self, left=None, right=None):
        # 이진 탐색 트리인지 확인한다 - O(n)
        if self.value:
```

```python
            if left and self.value < left:
                return False
            if right and self.value > right:
                return False

            l, r = True, True
            if self.left:
                l = self.left._is_bst(left, self.value)
            if self.right:
                r = self.right._is_bst(self.value, right)
            return l and r
        else:
            return True


class BinaryTree(object):
    def __init__(self):
        self.root = None

    def add_node(self, value):
        if not self.root:
            self.root = NodeBT(value)
        else:
            self.root._add_next_node(value)

    def is_leaf(self, value):
        node = self.root._search_for_node(value)
        if node:
            return node._is_leaf()
        else:
            return False

    def get_node_level(self, value):
        node = self.root._search_for_node(value)
        if node:
            return node.level
        else:
            return False

    def is_root(self, value):
        return self.root.value == value
```

```python
    def get_height(self):
        return self.root._get_max_height()

    def is_balanced(self):
        return self.root._is_balanced()

    def is_bst(self):
        return self.root._is_bst()

if __name__ == "__main__":
    bt = BinaryTree()
    for i in range(1, 10):
        bt.add_node(i)
    print("노드 8은 말단 노드입니까? ", bt.is_leaf(8))
    print("노드 8의 레벨은? ", bt.get_node_level(8))
    print("노드 10은 루트 노드입니까? ", bt.is_root(10))
    print("노드 1은 루트 노드입니까? ", bt.is_root(1))
    print("트리의 높이는? ", bt.get_height())
    print("이진 탐색 트리입니까? ", bt.is_bst())
    print("균형 트리입니까? ", bt.is_balanced())
```

```
노드 8은 말단 노드입니까?  True
노드 8의 레벨은?  5
노드 10은 루트 노드입니까?  False
노드 1은 루트 노드입니까?  True
트리의 높이는?  4
이진 탐색 트리입니까?  False
균형 트리입니까?  False
```

결과를 그림으로 표현하면 다음과 같다.

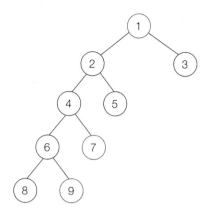

13.3 이진 탐색 트리

이진 탐색 트리^{binary search tree}(BST)는 노드를 정렬된 순서로 유지하는 자료구조다. 이진 트리로 이루어지며, 각 노드에는 값과 두 자식 노드에 대한 포인터가 있다. 선택적으로, 부모 노드의 포인터를 저장할 수도 있다. 각 노드의 값은 왼쪽 하위 트리의 모든 항목보다 크고, 오른쪽 하위 트리의 모든 항목보다 작다. 정리하자면 이진 탐색 트리는 다음과 같은 속성이 있다.

- 노드의 왼쪽 하위 트리에는 노드의 값보다 작은 값의 노드만 존재한다.
- 노드의 오른쪽 하위 트리에는 노드의 값보다 큰 값의 노드만 존재한다.
- 왼쪽과 오른쪽 하위 트리 모두 이진 탐색 트리여야 한다.
- 중복 노드가 없어야 한다.

이진 탐색 트리가 균형 트리인 경우 노드 검색/삽입/삭제에 대한 시간복잡도는 O(log n)이다.

13.3.1 이진 탐색 트리 구현하기

앞에서 본 이진 트리 클래스(*binary_tree.py*)를 슈퍼 클래스로 삼아 이진 탐색

트리를 구현해보자. 이진 트리 코드와의 차이점은, 이진 탐색 트리의 조건에 따라
새 노드를 삽입해야 한다는 점이다.

13장_이진_트리/3_binary_search_tree.py (binary_search_tree.py)

```
"""
다음 그림의 이진 탐색 트리를 구현한다.

                    6           ---> 레벨 1
                4       8       ---> 레벨 2
            2   5   7   9   ---> 레벨 3
        1       3           ---> 레벨 4

속성은 다음과 같다.
    - 노드의 개수(크기): n = 9
    - 분기(또는 내부 노드) 수: b = n-1 = 8
    - 루트 노드: 6
    - 최대 깊이 또는 높이: h = 3
    - 균형 트리입니까? YES
    - 이진 탐색 트리입니까? YES
"""

from binary_tree import NodeBT, BinaryTree


class NodeBST(NodeBT):

    def __init__(self, value=None, level=1):
        self.value = value
        self.level = level
        self.left = None
        self.right = None

    def _add_next_node(self, value, level_here=2):
        new_node = NodeBST(value, level_here)
        if value > self.value:
            self.right = self.right and self.right._add_next_node(
                value, level_here + 1) or new_node
        elif value < self.value:
            self.left = self.left and self.left._add_next_node(
                value, level_here + 1) or new_node
```

```
        else:
            print("중복 노드를 허용하지 않습니다.")
        return self

    def _search_for_node(self, value):
        if self.value == value:
            return self
        elif self.left and value < self.value:
            return self.left._search_for_node(value)
        elif self.right and value > self.value:
            return self.right._search_for_node(value)
        else:
            return False


class BinarySearchTree(BinaryTree):
    def __init__(self):
        self.root = None

    def add_node(self, value):
        if not self.root:
            self.root = NodeBST(value)
        else:
            self.root._add_next_node(value)


if __name__ == "__main__":
    bst = BinarySearchTree()
    # for i in range(1, 10):
    for i in [6, 4, 8, 2, 5, 7, 9, 1, 3]:
        bst.add_node(i)
    print("노드 8은 말단 노드입니까? ", bst.is_leaf(8))
    print("노드 1의 레벨은? ", bst.get_node_level(1))
    print("노드 10은 루트 노드입니까? ", bst.is_root(10))
    print("노드 1은 루트 노드입니까? ", bst.is_root(1))
    print("트리의 높이는? ", bst.get_height())
    print("이진 탐색 트리입니까? ", bst.is_bst())
    print("균형 트리입니까? ", bst.is_balanced())
```

노드 8은 말단 노드입니까? False

노드 8의 레벨은? 2
노드 10은 루트 노드입니까? False
노드 1은 루트 노드입니까? False
트리의 높이는? 3
이진 탐색 트리입니까? True
균형 트리입니까? True

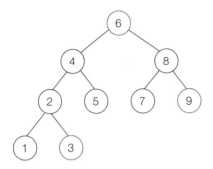

13.4 자가 균형 이진 탐색 트리

먼저 **균형 트리**^{balanced tree}란 모든 하위 트리의 높이 차이가 1 이하인 트리를 말한다. 앞에서 살펴본 예제는 노드의 삽입과 삭제 연산이 일어날 때 자동으로 트리의 균형이 유지되지는 않는다. 또한 대부분의 이진 탐색 트리의 경우 시간복잡도는 O(h)다(h는 트리의 높이). 균형이 유지되지 않은, 즉 한쪽으로 치우친 **편향 트리**^{skewed tree}의 경우 시간복잡도는 O(n)이다. 다음 그림을 참조한다.

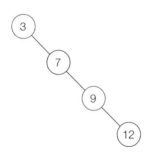

자가 균형 이진 탐색 트리self-balancing binary tree란 트리에서 노드의 삽입과 삭제 같은 연산이 일어날 때 자동으로 균형 트리를 유지하는 이진 탐색 트리다. 이진 탐색 트리 연산에서 최악의 경우의 시간복잡도는 O(log n)이다.

균형을 유지하기 위해 사용되는 **균형도**balance factor란 왼쪽과 오른쪽 하위 트리 높이의 차이를 뜻한다. 트리에는 여러 가지 균형 조정 방법이 있지만, 보통 다음 두 작업을 기반으로 한다.

- **노드 분할 및 병합** : 노드의 자식은 두 개를 초과하지 못한다. 노드가 많으면, 두 개의 하위 노드로 나눈다.
- **노드 회전** : 간선을 전환한다. x가 y의 부모이면, y를 x의 부모로 만들고, x는 y의 자식 중 하나를 거둔다.

13.4.1 AVL 트리

AVL 트리AVL tree[2]는 왼쪽과 오른쪽 하위 트리의 높이 차이가 1보다 클 수 없는 자체 균형 조건을 가진 이진 탐색 트리다. 트리에 노드를 추가 또는 삭제할 때마다 이진 탐색 트리 클래스에 자가 균형 조정 메서드 호출을 추가하면 AVL 트리를 구현할 수 있다. 이 메서드는 노드가 추가 또는 삭제될 때마다 트리의 높이를 계속 확인하여 동작한다.

더 구체적으로 말하면 AVL 트리는 균형도를 맞추기 위해 오른쪽 또는 왼쪽으로 **회전**rotation한다. 다음 그림에서 T1, T2, T3은 트리의 하위 트리다.

---

2 역자주_ 논문 저자인 게오르기 아델손-벨스키(Georgy Adelson-Velskii)와 예브게니 란디스(Evgenii Landis)의 이름을 땄다.
https://ko.wikipedia.org/wiki/AVL_트리

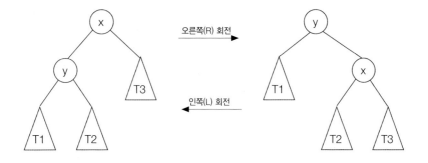

이 그림에서 트리가 회전하더라도, 이진 탐색 트리의 조건에 벗어나지 않는다(T1의 값들 〈 y 〈 T2의 값들 〈 x 〈 T3의 값들).

이진 탐색 AVL 트리의 삽입을 구현하는 순서는 다음과 같다.

1) 이전에 구현한 이진 탐색 트리 구현과 같이 재귀 함수를 사용하여 상향식bottom-up으로 구현한다.

2) 현재 노드는 새로 삽입될 노드의 조상 노드 중 하나다. 노드가 삽입될 때 조상 노드의 높이를 갱신한다.

3) 현재 노드의 균형도를 계산한다(현재 노드의 왼쪽 하위 트리 높이 − 현재 노드의 오른쪽 하위 트리 높이).

4) 트리의 균형도가 맞지 않는 경우 회전한다.

4-1) 균형도가 1보다 큰 경우 LL 케이스와 LR 케이스가 있다.

– 새 노드 값이 현재 노드의 왼쪽 노드 값보다 작다면 LL 케이스다. R 회전을 수행한다. 이하 그림에서 노드 좌상단의 숫자는 균형도다.

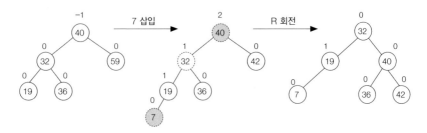

- 새 노드 값이 현재 노드의 왼쪽 노드보다 크다면 LR 케이스다. LR 회전을 수행한다.

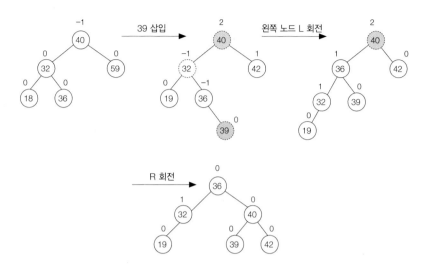

4-2) 균형도가 −1보다 작은 경우 RR 케이스와 RL 케이스가 있다.

- 새 노드 값이 현재 노드의 오른쪽 노드 값보다 크다면 RR 케이스다. L 회전을 수행한다.

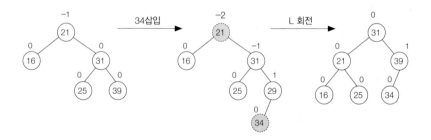

- 새 노드 값이 현재 노드의 오른쪽 노드보다 작다면 RL 케이스다. RL 회전
을 수행한다.

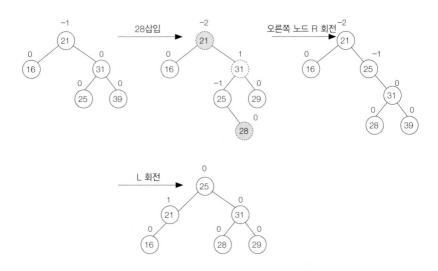

AVL 트리를 구현한 코드는 다음과 같다.

13장_이진_트리/4_AVL_BST.py

```python
from binary_tree import NodeBT, BinaryTree

class NodeAVL(NodeBT):
    def __init__(self, value=None, height=1):
        self.value = value
        self.height = height  # 높이(height)는 +1로 계산한다.
        self.left = None
        self.right = None

    def insert(self, value):
        # 1) 이진 탐색 트리 노드 삽입
        new_node = NodeAVL(value)
        if value < self.value:
            self.left = self.left and self.left.insert(value) \
                or new_node
        elif value > self.value:
            self.right = self.right and self.right.insert(value) \
                or new_node
```

```python
        else:
            raise Exception("중복 노드를 허용하지 않습니다.")

        # 회전 메서드에서 높이를 설정한다.
        return self.rotate(value)

    def rotate(self, value):
        # 2) (조상) 노드의 높이를 갱신한다.
        self.height = 1 + max(self.get_height(self.left),
                              self.get_height(self.right))

        # 3) 균형도(왼쪽 트리 높이 - 오른쪽 트리 높이)
        balance = self.get_balance()

        # 4) 트리의 균형이 맞지 않을 경우 회전한다.
        if balance > 1:
            # [케이스 1] LL - Left Left
            if value < self.left.value:
                return self.right_rotate()

            # [케이스 2] LR - Left Right
            elif value > self.left.value:
                self.left = self.left.left_rotate()
                return self.right_rotate()

        elif balance < -1:
            # [케이스 3] RR - Right Right
            if value > self.right.value:
                return self.left_rotate()

            # [케이스 4] RL - Right Left
            elif value < self.right.value:
                self.right = self.right.right_rotate()
                return self.left_rotate()

        return self

    def left_rotate(self):
        """
        여기서 self는 y다.
            x                 [y]
           / \               / \
```

```
        y      T3    <----    T1    x
       / \          (왼쪽 회전)       / \
      T1 T2                        T2 T3
      """
      x = self.right
      T2 = x.left

      # 회전한 후,
      x.left = self
      self.right = T2

      # 높이를 갱신한다.
      self.height = 1 + max(self.get_height(self.left),
                            self.get_height(self.right))
      x.height = 1 + max(self.get_height(x.left),
                         self.get_height(x.right))

      # 새 루트 노드를 반환한다.
      return x

  def right_rotate(self):
      """
      여기서 self는 x다.
          [x]                    y
         /   \                  / \
        y     T3    ---->      T1   x
       / \          (오른쪽 회전)     / \
      T1  T2                      T2  T3
      """
      y = self.left
      T2 = y.right

      y.right = self
      self.left = T2

      self.height = 1 + max(self.get_height(self.left),
                            self.get_height(self.right))
      y.height = 1 + max(self.get_height(y.left),
                         self.get_height(y.right))

      return y
```

```python
    def get_height(self, node):
        if not node:
            return 0

        return node.height

    def get_balance(self):
        return self.get_height(self.left) - self.get_height(self.right)

    def get_min_value_node(self, node):
        if node is None or node.left is None:
            return node

        return self.get_min_value_node(node.left)

    def delete(self, value):
        # 1) 이진 탐색 트리 노드 삭제
        if value < self.value:
            self.left = self.left and self.left.delete(value)
        elif value > self.value:
            self.right = self.right and self.right.delete(value)
        else:
            if self.left is None:
                temp = self.right
                self = None
                return temp
            elif self.right is None:
                temp = self.left
                self = None
                return temp

            temp = self.get_min_value_node(self.right)
            self.value = temp.value
            self.right = self.right and self.right.delete(temp.value)

        if self is None:
            return None

        return self.rotate(value)

class AVLTree(BinaryTree):
    def __init__(self):
```

```python
        self.root = None

    def insert(self, value):
        if not self.root:
            self.root = NodeAVL(value)
        else:
            self.root = self.root.insert(value)

    def delete(self, value):
        self.root = self.root.delete(value)

def preorder(root):
    if root:
        print("({0}, {1}) ".format(root.value, root.height-1), end="")
        if root.left:
            preorder(root.left)
        if root.right:
            preorder(root.right)

if __name__ == "__main__":
    myTree = AVLTree()
    for i in range(10, 100, 10):
        myTree.insert(i)

    print("트리의 높이는? ", myTree.get_height())
    print("이진 탐색 트리입니까? ", myTree.is_bst())
    print("균형 트리입니까? ", myTree.is_balanced())
    preorder(myTree.root)
    print()
```

```
트리의 높이는?  3
이진 탐색 트리입니까?  True
균형 트리입니까?  True
(40, 3) (20, 1) (10, 0) (30, 0) (60, 2) (50, 0) (80, 1) (70, 0) (90, 0)
```

이 코드에서는 트리의 출력 결과를 보기 위해서 전위 순회(preorder 메서드)를
사용해 (노드 값, 높이)를 출력했다(순회는 14장에서 살펴본다). 그림으로 나타내
면 다음과 같다.

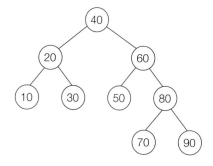

노드 삭제 과정은 이 코드의 **delete** 메서드를 참조한다.

13.4.2 레드–블랙 트리

레드–블랙 트리red–black tree3는 트리 연산의 복잡성에 영향을 미치지 않으면서 트리 균형을 유지하는 것을 목표로 하는 이진 탐색 트리의 개선 버전이다. 각 트리의 노드를 레드(빨간색)와 블랙(검은색)으로 표시하고, 트리의 가장 깊은 경로가 가장 짧은 경로의 두 배가 되지 않도록 유지하는 방식이다. AVL 트리는 레드–블랙 트리에 비해 트리가 더 균형적이지만, 노드의 삽입과 삭제 과정에서 더 많은 회전 연산이 일어날 수 있다. 따라서, 노드의 삽입 및 삭제 연산의 빈도가 높다면, 레드–블랙 트리를 사용하는 것이 더 좋다.

레드–블랙 트리는 다음과 같은 조건을 갖는다.

- 노드는 레드 혹은 블랙 중 하나다.
- 루트 노드는 블랙이다.
- 모든 널 포인터(NIL)는 블랙이다.
- 레드 노드의 양쪽 자식 노드는 언제나 모두 블랙이다(즉 레드 노드는 연달아 있을 수 없으며, 블랙 노드만이 레드 노드의 부모가 될 수 있다).
- 어떤 노드부터 말단 노드에 도달하는 모든 경로에는, 말단 노드를 제외하면 모두 같은 개수의 블랙 노드가 있다.

---

3 역자주_ *https://ko.wikipedia.org/wiki/레드-블랙_트리*

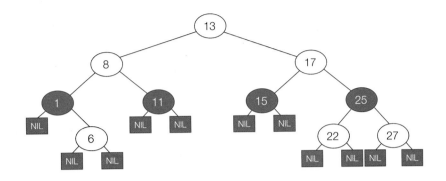

이 책에서 레드—블랙 트리의 구현은 생략한다.[4]

13.4.3 이진 힙

이진 힙binary heap은 완전 균형 이진 트리다. 힙 속성을 사용하면 트리의 균형을 유지하는 것이 쉬워진다. 힙의 노드를 분할하거나 회전하여 트리의 구조를 수정할 필요가 없기 때문이다. 이진 힙의 유일한 작업은 부모 노드와 자식 노드를 교체하는 것이다.

이진 힙에서 루트(가장 작은 또는 큰 노드)는 0번째 인덱스고, i번째 인덱스의 노드는 다음과 같은 특성이 있다.

- 부모 노드의 인덱스는 $\frac{i-1}{2}$이다.
- 왼쪽 노드의 인덱스는 $2i + 1$이다.
- 오른쪽 노드의 인덱스는 $2i + 2$다.

---

4 역자주_ 『뇌를 자극하는 알고리즘』(한빛미디어, 2009)에 레드—블랙 트리의 삽입 및 삭제 과정이 잘 설명되어 있다. 파이썬 구현은 다음 깃허브 저장소 참조. *https://github.com/stanislavkozlovski/Red-Black-Tree*

NOTE 앞에서 살펴본 AVL 트리와 레드-블랙 트리 외에도 여러 가지 트리가 있다. 『쉽게 배우는 알고리즘(개정판)』(한빛아카데미, 2018)에서는 **B-트리**B-tree에 대해 자세히 설명한다. 트리가 방대하면 메모리에 모두 올려놓고 사용할 수가 없으므로 CPU 작업의 효율성보다 디스크 접근 횟수가 성능을 좌우한다. B-트리는 디스크 환경에서 사용하기에 적합한 **외부 다진 탐색 트리**external m-ary search tree다. '외부'란 트리가 디스크에 있는 상태로 사용되는 것을 뜻하며, '다진'은 이진과 대비하여 2개 이상의 자식 노드를 가지는 것을 뜻한다.

또한 2-3 트리, 2-3-4 트리 등도 있으며, 이들은 조금 더 복잡한 B-트리와 비슷한 구조를 가진다.

트리 순회

순회traversal는 트리 또는 그래프 같은 연결된 구조에서 객체(노드)를 방문하는 데 사용되는 알고리즘이다. 순회 문제는 모든 노드를 방문하는 방법을 찾거나 혹은 특정 노드만 방문하는 방법을 찾는 것일 수도 있다.

14.1 깊이 우선 탐색

깊이 우선 탐색depth-first search(DFS)은 말 그대로 그래프 또는 트리에서 깊이를 우선하여 탐색하는 알고리즘이다. 그래프의 경우는 방문한 노드를 표시해야 하는데, 그렇게 하지 않으면 무한 반복에 빠질 수 있기 때문이다. 시간복잡도는 O(도달할 수 있는 노드 수 + 도달한 노드에서 나가는 간선 수) = O(V + E)다. 깊이 우선 탐색은 후입선출(LIFO) 구조의 스택을 사용하여 구현된다. 깊이 우선 탐색의 세 가지 경우를 살펴보자.

14.1.1 전위 순회

전위 순회pre-order traversal는 루트 노드 → 왼쪽 노드 → 오른쪽 노드 순으로 방문한다. 다음 그림에서 노드 위의 숫자가 방문 순서다.

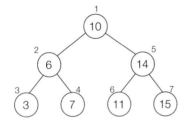

다음 코드와 같이 간단하게 구현할 수 있다(13장 AVL 트리에 이미 사용한 적이 있다. 트리 순회 과정을 확인하려면 그 코드에서 전위 순회를 곧이어 배울 후위 및 중위 순회로 바꿔서 실행해보면 도움이 될 것이다).

```
def preorder(root):
    if root != 0:
        yield root.value
        preorder(root.left)
        preorder(root.right)
```

14.1.2 후위 순회

후위 순회post-order traversal는 왼쪽 노드 → 오른쪽 노드 → 루트 노드 순으로 방문한다.

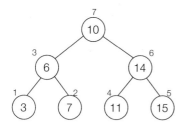

```
def postorder(root):
    if root != 0:
        postorder(root.left)
        postorder(root.right)
        yield root.value
```

14.1.3 중위 순회

중위 순회in-order traversal는 왼쪽 노드 → 루트 노드 → 오른쪽 노드 순으로 방문한다.

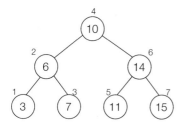

```
def inorder(root):
    if root != 0:
        inorder(root.left)
        yield root.value
        inorder(root.right)
```

14.2 너비 우선 탐색

너비 우선 탐색breath-first search(BFS)은 트리 또는 그래프에서 너비를 우선하여 탐색하는 알고리즘이다. 더 깊은 노드를 순회하기 전에 특정 깊이의 노드를 모두 먼저 순회한다.

너비 우선 탐색을 사용하는 문제는 일반적으로 시작 노드에서 특정 노드에 도달하는 데 필요한 최단 경로를 찾는 문제다. 너비 우선 탐색의 구현은 방문한 노드를 저장하는 데에 리스트를 사용하고, 아직 방문하지 않은 노드는 선입선출(FIFO) 구조의 큐에 저장한다. 시간복잡도는 O(V + E)다.

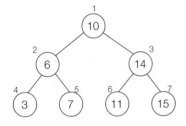

14.3 트리 순회 구현하기

깊이 우선 탐색과 너비 우선 탐색을 구현해보자. 13장의 이진 트리(*binary_tree.py*) 및 이진 탐색 트리(*binary_search_tree.py*) 클래스를 사용한다. 먼저 반복문을 사용하여 구현한다.

```python
from collections import deque
from binary_search_tree import BinarySearchTree, NodeBST

class BSTwithTransversalIterative(BinarySearchTree):

    def inorder(self):
        current = self.root
        nodes, stack = [], []
        while stack or current:
            if current:
                stack.append(current)
                current = current.left
            else:
                current = stack.pop()
                nodes.append(current.value)
                current = current.right
        return nodes

    def preorder(self):
        current = self.root
        nodes, stack = [], []
        while stack or current:
            if current:
                nodes.append(current.value)
                stack.append(current)
                current = current.left
            else:
                current = stack.pop()
                current = current.right
        return nodes

    def preorder2(self):
        nodes = []
        stack = [self.root]
        while stack:
            current = stack.pop()
            if current:
                nodes.append(current.value)
                stack.append(current.right)
                stack.append(current.left)
```

```
        return nodes

    def BFT(self):
        current = self.root
        nodes = []
        queue = deque()
        queue.append(current)
        while queue:
            current = queue.popleft()
            nodes.append(current.value)
            if current.left:
                queue.append(current.left)
            if current.right:
                queue.append(current.right)
        return nodes


if __name__ == "__main__":
    bst = BSTwithTransversalIterative()
    l = [10, 5, 6, 3, 8, 2, 1, 11, 9, 4]
    for i in l:
        bst.add_node(i)

    print("노드 8은 말단 노드입니까? ", bst.is_leaf(8))
    print("노드 8의 레벨은? ", bst.get_node_level(8))
    print("노드 10은 루트 노드입니까? ", bst.is_root(10))
    print("노드 1은 루트 노드입니까? ", bst.is_root(1))
    print("트리의 높이는? ", bst.get_height())
    print("이진 탐색 트리입니까? ", bst.is_bst())
    print("균형 트리입니까? ", bst.is_balanced())

    print("전위 순회: ", bst.preorder())
    print("전위 순회2: ", bst.preorder2())
    print("중위 순회: ", bst.inorder())
    print("너비 우선 탐색: ", bst.BFT())
```

```
노드 8은 말단 노드입니까?  False
노드 8의 레벨은?  4
노드 10은 루트 노드입니까?  True
노드 1은 루트 노드입니까?  False
```

```
트리의 높이는?  4
이진 탐색 트리입니까?  True
균형 트리입니까?  False
전위 순회:  [10, 5, 3, 2, 1, 4, 6, 8, 9, 11]
전위 순회2:  [10, 5, 3, 2, 1, 4, 6, 8, 9, 11]
중위 순회:  [1, 2, 3, 4, 5, 6, 8, 9, 10, 11]
너비 우선 탐색:  [10, 5, 11, 3, 6, 2, 4, 8, 1, 9]
```

이 코드의 트리를 그림으로 나타내면 다음과 같다.

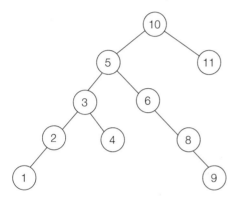

재귀 함수를 사용해서 구현할 수도 있다.

14장_순회/2_transversal_BST_recursively.py (transversal_BST_recursively.py)

```python
from binary_search_tree import BinarySearchTree, NodeBST


class BSTwithTransversalRecursively(BinarySearchTree):

    def __init__(self):
        self.root = None
        self.nodes_BFS = []
        self.nodes_pre = []
        self.nodes_post = []
        self.nodes_in = []

    def BFT(self):
```

```python
        self.root.level = 1
        queue = [self.root]
        current_level = self.root.level

        while len(queue) > 0:
            current_node = queue.pop(0)
            if current_node.level > current_level:
                current_level += 1
            self.nodes_BFS.append(current_node.value)

            if current_node.left:
                current_node.left.level = current_level + 1
                queue.append(current_node.left)

            if current_node.right:
                current_node.right.level = current_level + 1
                queue.append(current_node.right)

        return self.nodes_BFS

    def inorder(self, node=None, level=1):
        if not node and level == 1:
            node = self.root
        if node:
            self.inorder(node.left,  level+1)
            self.nodes_in.append(node.value)
            self.inorder(node.right, level+1)
        return self.nodes_in

    def preorder(self, node=None, level=1):
        if not node and level == 1:
            node = self.root
        if node:
            self.nodes_pre.append(node.value)
            self.preorder(node.left, level+1)
            self.preorder(node.right, level+1)
        return self.nodes_pre

    def postorder(self, node=None, level=1):
        if not node and level == 1:
            node = self.root
        if node:
```

```
            self.postorder(node.left, level+1)
            self.postorder(node.right, level+1)
            self.nodes_post.append(node.value)
        return self.nodes_post


if __name__ == "__main__":
    bst = BSTwithTransversalRecursively()
    l = [10, 5, 6, 3, 8, 2, 1, 11, 9, 4]
    for i in l:
        bst.add_node(i)

    print("노드 8은 말단 노드입니까? ", bst.is_leaf(8))
    print("노드 8의 레벨은? ", bst.get_node_level(8))
    print("노드 10은 루트 노드입니까? ", bst.is_root(10))
    print("노드 1은 루트 노드입니까? ", bst.is_root(1))
    print("트리의 높이는? ", bst.get_height())
    print("이진 탐색 트리입니까? ", bst.is_bst())
    print("균형 트리입니까? ", bst.is_balanced())

    print("전위 순회: ", bst.preorder())
    print("후위 순회: ", bst.postorder())
    print("중위 순회: ", bst.inorder())
    print("너비 우선 탐색: ", bst.BFT())
```

```
노드 8은 말단 노드입니까?  False
노드 8의 레벨은?  4
노드 10은 루트 노드입니까?  True
노드 1은 루트 노드입니까?  False
트리의 높이는?  4
이진 탐색 트리입니까?  True
균형 트리입니까?  False
전위 순회:  [10, 5, 3, 2, 1, 4, 6, 8, 9, 11]
후위 순회:  [1, 2, 4, 3, 9, 8, 6, 5, 11, 10]
중위 순회:  [1, 2, 3, 4, 5, 6, 8, 9, 10, 11]
너비 우선 탐색:  [10, 5, 11, 3, 6, 2, 4, 8, 1, 9]
```

14.4 연습문제

끝으로 이진 검색 트리에서 두 노드의 최소 공통 조상[lowest common ancestor]을 찾아보는 예제를 살펴보겠다. 앞에서 본 순회 코드(*transversal_BST_recursively.py*)를 사용한다.

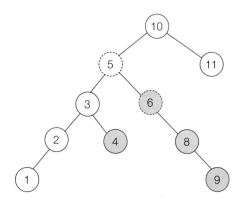

예를 들어 위 그림에서 노드 4, 9의 최소 공통 조상은 5다. 노드 6, 8의 최소 공통 조상은 6이다.

14장_트리/3_transversal_BST_ancestor.py

```python
from transversal_BST_recursively import BSTwithTransversalRecursively

def find_ancestor(path, low_value, high_value):
    while path:
        current_value = path[0]
        if current_value < low_value:
            try:
                path = path[2:]
            except:
                return current_value
        elif current_value > high_value:
            try:
                path = path[1:]
            except:
                return current_value
        elif low_value <= current_value <= high_value:
```

```
        return current_value

if __name__ == "__main__":
    bst = BSTwithTransversalRecursively()
    l = [10, 5, 6, 3, 8, 2, 1, 11, 9, 4]
    for i in l:
        bst.add_node(i)
    path = bst.preorder()
    print("전위 순회: ", path)

    print("1과 6의 최소 공통 조상 :", find_ancestor(path, 1, 6))
    print("1과 11의 최소 공통 조상: ", find_ancestor(path, 1, 11))
    print("1과 4의 최소 공통 조상: ", find_ancestor(path, 1, 4))
    print("8와 9의 최소 공통 조상: ", find_ancestor(path, 8, 9))
```

```
전위 순회:  [10, 5, 3, 2, 1, 4, 6, 8, 9, 11]
1과 6의 최소 공통 조상 : 5
1과 11의 최소 공통 조상:  10
1과 4의 최소 공통 조상:  3
8와 9의 최소 공통 조상:  8
```

## CHAPTER 15

한국어판 부록 : 참고 자료

마지막으로 참고할 만한 서적이나 링크를 소개한다.

자료구조와 알고리즘 전체적으로 빠르게 보고 싶다면 『Hello Coding 알고리즘』 (한빛미디어, 2017)을 추천한다. 이 책은 학교에서 배웠던 중요한 내용을 그림으로 알기 쉽게 설명하여 금방 읽을 수 있다.

이 책에서는 그래프 알고리즘을 자세히는 설명하지 않았다. 프림, 크러스컬, 데이크스트라 등 알아둘 만한 알고리즘들은 긱포긱^{GeeksforGeeks}(https://www. geeksforgeeks.org)에 잘 정리되어 있다(그래프 알고리즘뿐만 아니라 많은 알고리즘에 대해 자세한 설명과 영상, 코드를 제공한다).

- **프림 알고리즘** : https://www.geeksforgeeks.org/prims-minimum-spanning-tree-mst-greedy-algo-5
- **크러스컬 알고리즘** : https://www.geeksforgeeks.org/kruskals-minimum-spanning-tree-algorithm-greedy-algo-2
- **데이크스트라 알고리즘** : https://www.geeksforgeeks.org/dijkstras-shortest-path-algorithm-greedy-algo-7

프림 알고리즘과 크러스컬 알고리즘은 그래프에서 최소 신장 트리를 구축하는 알고리즘이다. 14장에서 트리의 너비 우선 탐색을 살펴봤는데, 그래프에서 너비 우선 탐색은 가중치가 없는 균일 그래프에서 최단 경로를 계산하는 데 사용된다. 한편, 데이크스트라 알고리즘은 가중 그래프에서 최단 거리를 계산하는 데 사용된다.

코딩 면접을 준비하고 있다면 해커랭크^{HackerRank}(https://www.hackerrank. com) 같은 곳에서 문제를 풀어보는 것도 추천한다. 백준 알고리즘(https:// www.acmicpc.net)도 널리 알려진 사이트다.

INDEX